L'INVASION ANGLAISE

EN GÉVAUDAN

NOTICE HISTORIQUE

PAR

FERDINAND ANDRÉ,

archiviste départemental, officier d'académie.

L'INVASION ANGLAISE
EN GÉVAUDAN

NOTICE HISTORIQUE
PAR
FERDINAND ANDRÉ,
archiviste départemental, officier d'académie.

Le Gévaudan, pays de difficile accès à cause des montagnes qui l'environnent, a toujours été, pour ainsi dire, relégué au dernier plan dans les historiens. Son rôle, pendant la guerre de cent ans, est ignoré. La mort du connétable Duguesclin, sous les murs de Châteauneuf-de-Randon, est à peu près le seul fait rapporté par les chroniqueurs. Le Gévaudan eut pourtant sa part d'épreuves et d'angoisses pendant l'invasion anglaise. Il prit une large part à ces fatales luttes et versa généreusement son sang et son or pour secouer le joug de l'étranger. Le roi Jean le Bon qualifia le peuple gévaudanais : « *son peuple bien aimé et fidèle* (1).

Nous avons cru devoir réparer un regrettable oubli en publiant le récit de divers événements qui ont eu pour théâtre le pays gabalitain.

---

(1) Dilectus et fidelis populus noster patriæ gaballitanæ.

I

L'invasion anglaise fut une grande calamité pour le Gévaudan. La dévastation suivie de la dépopulation de nos campagnes en furent les tristes et funestes résultats. Le patriotisme des gévaudanais se montra toujours à la hauteur de celui de leurs ancêtres, les anciens gabales, qui avaient, sous Vercingétoris, combattu pour l'indépendance du pays.

On sait que la cause des déplorables guerres du XIV et XVe siècles, désignées sous le nom de *guerre de cent ans,* fut la revendication de la couronne de France par Édouard III, roi d'Angleterre, petit-fils de Philippe-le-Bel, par sa mère Isabelle.

Commencée en 1338 et plusieurs fois interrompue par des trêves et des pestes, la guerre aboutit à la funeste bataille de Poitiers. Édouard avait un avantage incontestable sur son adversaire. Il était maître absolu de l'Angleterre et de l'Irlande, possédait en France de nombreuses provinces qui lui ouvraient, soit au nord soit au midi, les portes du Royaume. Philippe-de-Valois avait à peine la moitié de la France actuelle. Les chances n'étaient pas égales. De plus, les anglais eurent d'habiles généraux dès le début des hostilités; les armées françaises, malgré leur bravoure, ne commencèrent d'être bien conduites qu'après nos plus grands désastres.

« A cette époque la guerre ne se concentrait pas sur certains points; elle se faisait ou pouvait se faire à la fois par tout. Dans ces conditions, le Gouvernement, hors d'état d'en entretenir la direction, se contentait d'envoyer ou de commissionner des généraux dans chaque pays, et chacun se défendait comme il pouvait ».

Le Gévaudan, en 1342, contribua au payement d'un subside de vingt sous par feu, imposé par ordre de Philippe-de-Valois, pour soutenir la guerre. Quelques années plus tard, les anglais s'avançaient vers le Rouergue. En 1345 ils s'emparaient de la ville de Saint-Antonin et poursuivaient leurs conquêtes dans l'intérieur du pays. Bientôt après ils étaient maîtres de la ville d'Espalion ; les frontières du Gévaudan n'étaient qu'à quelques lieues.

A l'approche du danger, les habitants de Marvejols, dans l'appréhension d'une tentative possible de l'ennemi contre leur ville, demandent et obtiennent, en 1347, un secours en argent pour réparer et fortifier leurs murailles (1).

La peste noire appelée aussi peste de Florence, et qui fut générale en Europe, suspendit, en 1348, les hostilités. Le terrible fléau emporta en Languedoc les cinq sixièmes de la population.

Le diocèse de Mende fut cruellement éprouvé. Divers documents de nos archives désignent cette époque *celle de la mortalité générale*. Tous les travaux cessèrent ; faute de bras pour cultiver les terres cessèrent de produire (2).

Un siècle après, le souvenir de cette année désas-

---

(1) Manuscrit de Veyron.
(2) Dictus populus gabalitanus adeo diminutus, habitationes relictæ desertæ, terræ arabiles incultæ...

treuse n'était pas encore effacé, la plupart des terres étaient incultes (1).

Le Gévaudan avait été le pays le plus maltraité de la sénéchaussée de Beaucaire, car les 13,570 feux qui contribuaient anciennement aux subsides de la province, étaient réduits à 4,610.

Les habitants de nos montagnes attribuaient à la malveillance anglaise la propagation du fléau contagieux ; ils étaient persuadés que les anglais faisaient répandre dans l'atmosphère un subtil et perfide poison (2).

Pendant cette fatale année de 1348, on vit rôder, autour des murailles de Saint-Chély-d'Apcher, un étranger suivi de quatre chiens. Il portait sur ses habits les livrées du roi d'Angleterre. On crut reconnaître dans ce personnage inconnu un émissaire dangereux. Il fut arrêté et conduit sous bonne garde dans la tour du château. On le trouva porteur d'une poudre que l'on regarda comme suspecte (3).

Après quinze jours d'une détention préventive il fut traduit à Marvejols pour être interrogé par les officiers de la Cour commune et Bailliage. Le bailli, Raymond de Pojol, trouvant peut être cet étranger fort compromis, le fit conduire au sénéchal de Beaucaire.

---

(1) Ante tempus magnæ mortalitatis, quando mundus erat valdè populatus et plenus gentibus ac terræ et possessiones, quæ propter multitudinem populi excolebantur, hodiè remanent steriles et incultæ sunt in vacantibus.

(2) Fama esset publica quod rex Angliæ erat causa posionum et mortalitatis quæ erat in regno Franciæ ratione dictorum posionum. (Archives départementales.)

(3) Deferendo secum pulverem suspectam.

Nous ignorons le sort de ce malheureux prisonnier, victime de l'ignorance et de la crédulité publique de cette époque.

En 1350, Jean-le-Bon succéda à Philippe-de-Valois. La guerre avec l'Angleterre ne tarda pas à se rallumer. Pour la soutenir le Roi de France écrit, le 25 août de la même année, aux barons et chevaliers bannerets de son royaume, pour leur donner avis de venir à son mandement quand *mestier seroit*. Astorge de Peyre et le sire Du Tournel, nobles barons du Gévaudan, reçurent une de ces lettres d'invitation.

L'année suivante les anglais reparaissent en Rouergue. La ville de Mende se met sérieusement en état de défense. Elle fait creuser des profonds fossés du côté des remparts, quartier de Chanterane ou de Champnau, partie la plus faible de ses fortifications. Les autres villes du diocèse imitent cet exemple patriotique ; mais il ne paraît pas que les bandes ennemies aient fait des courses dans le diocèse.

Quelques années plus tard un drame terrible avait lieu près de Poitiers. Les français succombaient glorieusement sur le champ de bataille, et le roi Jean-le-Bon était fait prisonnier le 19 septembre 1356.

Au mois d'octobre suivant, les Etats de Languedoc s'assemblent à Toulouse par ordre du comte d'Armagnac, lieutenant du Roi. On ordonne une levée de gens de guerre, et « que homme ne femme dudit pays de la
« Languedoc ne pourteroit par ledit an, si le Roy n'es-
« toit avant délivré, or, ne argent, ne perles, ne vair,
« ne gris, ne robes, ne chapperons décoppés, ne autres
« cointises quelconques, et que aulcuns menestrels,
« jugleurs ne joueroient de leur mestier, etc. » C'était une douleureuse manifestation du deuil de la patrie.

La ville de Marvejols se distinguait par son patriotisme ; se mettre en état de défense pour résister à l'ennemi, c'était sa pensée unique, sa seule préoccupation. Cette même année, les consuls invitent Guillaume de Lorme (de Ulmo), prieur du monastère des bénédictins du Monastier, près de Chirac, d'avoir à faire démolir la maison qu'il possédait dans leur ville, trop rapprochée des murailles et nuisible à la défense de la cité. Les consuls lui offraient une légitime indemnité.

Marvejols était protégé par un château-fort construit sur la hauteur qui dominait la ville au nord-ouest. On le désignait sous le nom de château du Roi. Il occupait le sol qui entoure l'église actuelle, laquelle servait primitivement de chapelle aux prisonniers détenus dans les prisons de la forteresse ; de là le nom de Notre-Dame-de-La-Carce, donné à ce sanctuaire qui devint dans les dernières années du XIIIe siècle, l'église paroissiale (1).

M. Michel de Peyrière, juge de la Cour royale de Marvejols, avait ordonné aux habitants de Chirac, du Monastier, de La Canourgue, de Nogaret et de Montjézieu, de se mettre en état de défense. Ses ordres n'avaient pas été exécutés. Le 29 avril 1356, cet officier chargea M. Guillaume de Peyrière et Bérenguier de Cahors de signifier aux habitants de ces localités d'exécuter ses instructions sous peine d'une amende de 10 livres pour chaque habitant et de 100 marcs d'argent pour les nobles. Une ordonnance du sénéchal de Beaucaire portait de faire mettre dans ces localités ainsi fortifiées les denrées alimentaires « afin que les ennemis de notre

---

(1) L'église paroissiale de Marvejols était à Colognet.

Roi ne s'en aident et ne s'en nourrissent. » Les deux délégués exécutent fidèlement leur mandat. Nous voyons, en effet, le lieutenant du bailli de noble Pierre de Montjézieu, ordonner, le 6 mai suivant, aux *hommes* dudit seigneur, de réparer le château et autres fortifications et d'y porter tous leurs meubles et denrées (1).

La ville de Marvejols avait jugé utile de faire creuser un fossé entre les murailles du château et la maison du prieuré du Monastier. Le procureur des moines bénédictins se plaignit à M⁰ Jean Martin, l'un des syndics, et à divers ouvriers employés aux travaux, du préjudice que cette tranchée causait à sa maison. Le syndic en référa au juge royal, Mᵉ Michel de Peirière. Toutefois, le procureur des religieux, considérant que le château et ses fortifications pouvaient être pris et occupés par les ennemis du Roi si l'on ne creusait ce fossé, se désista de sa protestation, le 25 avril 1557, ne voulant pas, dit-il, porter préjudice au Roi et à la *communauté du peuple* de Marvejols (2).

Dans le courant de l'année suivante, les magistrats et les habitants travaillent encore avec plus d'ardeur à réparer, armer et garder le château royal ; les anglais n'étaient qu'à cinq lieues de la ville (3).

La défense s'organisait d'une manière générale dans la province. Aimeric, vicomte de Narbonne, capitaine général en Languedoc, ordonnait d'établir une correspondance par des signaux avec du feu ou de la fumée

---

(1) Archives départementales.

(2) Archives départementales, série E. Reg. de Mᵉ Etienne de Ulmo, notaire.

(3) Archives départementales, série E. Reg. appelé Chalvet.

dans tous les lieux convenablement choisis, afin de signaler l'approche des ennemis. On fait remonter à cette époque la plupart des tours qui couronnent le sommet de nos montagnes, mais plusieurs sont d'une construction plus reculée et datent des premiers temps féodaux.

Le Gévaudan avait les anglais non loin de ses frontières. L'alarme régnait dans le pays. Les ennemis étaient nombreux : fantassins et cavaliers formaient une grande armée (1). Ils portaient la dévastation sur les terres françaises. L'histoire nous apprend qu'un chef des routiers disait à ses compagnons : « tout était nôtre ou rançonné à notre volonté ; tous les jours nous avons novel argent. »

La ville de Mende veillait à sa conservation ; l'évêque Albert Lordet, permit aux habitants de mettre un impôt sur le vin et d'en consacrer le produit à la réparation des murailles, des fortifications et des fossés (2). La petite ville de Chirac consacra, pour le même objet, le revenu de ses pâturages, d'un produit de 125 livres.

Les anglais n'osèrent point attaquer la ville épiscopale ; celle de Marvejols fut moins heureuse, car s'il faut s'en rapporter à la chronique manuscrite de Veyron, les ennemis y auraient commis des désordres extraordinaires.

Au commencement de l'année 1359, le comte de Poitiers, lieutenant du Roi en Languedoc, convoqua à Alais

---

(1) Inglici... qui de prope locum de Marologio per quinque leucas vel circa cum multitudine hominum armatorum, equitum et peditum in magno exercitu jam venerunt et loca circumstancia sibi occupant, etc.

(2) Archives départementales, G. 295.

les États particuliers de la sénéchaussée de Beaucaire, afin d'aviser aux moyens de s'opposer aux courses incessantes des ennemis.

Les communautés sont engagées à se mettre en état de défense. En conséquence de cet ordre, les consuls de Chirac, Jean Badose et Jean Grèzes, font réparer les murs et les vieilles forteresses de cette petite ville. Les autres localités du Gévaudan durent aussi se conformer aux ordres formels des représentants du pays.

Le 8 mai 1360, fut conclu le traité de Bretigny, près de Chartres. Il fallut céder au roi d'Angleterre, outre ce qu'il possédait déjà en France, le Poitou, le Rouergue, une partie de l'Artois et la Picardie, soit dix-sept de nos départements actuels, et lui payer de plus une rançon de trois millions d'écus d'or, somme énorme pour l'époque.

Cette paix ne rendit pas le repos à la France ; les malheurs recommencèrent sous une autre forme. A la guerre étrangère succéda une autre guerre sans nom, plus dévastatrice, si c'est possible que la première : la guerre des grandes compagnies.

II

Ces compagnies se composaient de tous les gens de guerre que la paix venait de rendre inutiles et qui ne voulaient pas se laisser licencier. « Puisque, dirent-ils, nous ne pouvons plus guerroyer pour le roi d'Angleterre, nous allons guerroyer pour le roi de Navarre. » C'étaient, d'après Froissard, des aventuriers de tous les pays : on leur donnait le nom de *routiers, malendrins, tard-venus, grandes compagnies, etc.* Les populations étaient saisies de terreur à l'approche de ces pillards. Un de leur chef disait : « tout était nôtre ou rançonné à notre volonté. Tous les jours nous avions novel argent. Les vilains d'Auvergne et de Limousin nous pourvoyaient et envoyaient en nostre chastel les blés, la farine, le pain tout cuit, l'avoine pour les chevaux, la litière, les bons vins, les bœufs, les brebis, moutons tous gras, la poulaille, les volailles. Nous étions servis, gouvernés et étoffés comme rois, et quand nous chevauchions, tout le pays tremblait devant nous. Tout était nôtre, allant et retournant. »

Les routiers se réunissaient pour piller sous la conduite d'un chef ; ils occupaient des villes et des places fortes où ils trouvaient une retraite assurée. De ces postes, ils fondaient sur les voyageurs et les pays environnants qui étaient pour eux une proie certaine.

Les populations se retiraient dans les châteaux de leur voisinage, emportant ce qu'elles avaient de plus précieux, avec les denrées et les bestiaux. Elles contribuaient largement à la réparation des asiles qui leur offraient un refuge. Par acte du 18 avril 1560, les habitants de la vallée du Valdonnez s'obligent à contribuer à la réparation du château de Chapieu, situé vers l'extrémité méridionale du causse de Mende, forteresse construite vers le milieu du XIIe siècle. La somme promise à noble Odilon Garin, seigneur du Tournel, propriétaire de Chapieu, est de cent florins d'or pour cette fois seulement, par grâce spéciale et non par devoir, attendu qu'en vertu des transactions, libertés et franchises passée avec les ancêtres de ce seigneur, les habitants n'étaient point tenus à fournir aux réparations de ce château. Le motif qui les portaient à cette concession, c'étaient de faciliter la résistance contre les ennemis du roi de France (1).

Les habitants du village de Nogaret, et plusieurs autres du voisinage, éprouvèrent, cette même année, la fureur d'une de ces terribles compagnies. Une lettre du sénéchal de Beaucaire, Jean Silvain, à la date du 11 août 1360, fait mention des dégâts et des méfaits commis « par les ennemis du royaume de France sur les personnes de ces localités et sur leurs biens. »

Les habitants de Marvejols furent encore plus maltraités. Une troupe nombreuse d'anglais s'étant portée sur cette ville, s'empare de presque toute la population. Les hommes, les femmes même sont chargés de fers et conduits en Auvergne. Là ils subissent les traitements les plus inhumains et, pour comble de cruauté, ceux qui ne peuvent payer leur rançon périssent par le glaive ! Un gentilhomme compatissant et généreux, Aaron de Cayssac, se rendit caution pour un certain nombre de prisonniers ; à ceux-là il leur fut donné de retourner dans leurs foyers. Par ses les lettres du 24 août 1360, adressées au bailli et au juge de Marvejols, et aux autres magistrats du Gévaudan, le sénéchal de Beaucaire leur ordonne de faire rembourser à ce noble seigneur les sommes qu'il avait avancées pour la rançon des captifs.

Nous trouvons la mention suivante dans un registre des archives : il a été payé « *per la finansa facha per la*

---

(1) On voit figurer dans cet acte : les habitants de Sainte-Hélène, de Brenoux, etc. — Archives départementales. — Série E., registre appelé Grezes, folio 24.

preza dels Englés en la persona d'Estève Raynal, XX florins (1). »

Nous nous plaisons à le dire, les habitants de Marvejols prirent plus tard une glorieuse revanche contre leurs oppresseurs.

Après avoir abandonné cette ville, les anglais s'étaient emparés des châteaux de Montrodat, de Montferrant, près Banassac, et de plusieurs autres places. Il paraît qu'ils étaient déjà maîtres du fort de Châteauneuf-de-Randon. Le chef des compagnies était le fameux Seguin de Badefol (2).

Marvejols, pour éviter une nouvelle surprise, appela des gens de guerre et fournit généreusement à leur subsistance et à leur logement (3).

Le sénéchal de Beaucaire avait à cœur la défense du pays. Dans sa sollicitude prévoyante, rien ne lui échappait. Ayant eu connaissance que le château-fort de Montrodat, à cause de sa vaste étendue et du petit nombre d'habitants du village ne pouvait être défendu avec succès, il donna ordre aux États du pays de se réunir et de délibérer sur ce qu'il conviendrait de faire relativement à ce château. Mal fortifié, les remparts délabrés, les fossés à demi comblés, il était presque impossible de le mettre en état de défense. Le Sénéchal ordonna en con-

---

(1) Série E. — Registre appelé Chalvet.

(2) Son vrai nom était Seguin de Gontaud, seigneur de Badefol, en Périgord.

(3) Du linge fut donné aux syndics par les habitants. L'un d'eux remit : 1 couverture, 2 coussins, 2 nappes, 2 paires de draps : *in establida gentium armorum qui steterunt apud Marelogium dùm inimici Englici erant apud Montemrodatum.*

séquence de réunir tous les habitants des environs pour démolir cette forteresse qui pouvait offrir un asile aux ennemis, qui de ce repaire feraient des courses dans le voisinage. Aujourd'hui on aperçoit encore çà et là quelques restes de l'antique manoir qui couronnait le vaste mamelon de Montrodat.

Vers la même époque un chanoine de Mende, recteur de l'église paroissiale de Chaudeyrac, originaire de Marvejols, dans ses dispositions testamentaires du 7 octobre 1361, lègue une somme de 3 florins d'or pour la fortification des murailles de cette ville. Cet exemple de patriotisme mérite d'être signalé (1).

Les Anglais possédaient le fort et le château de Caylus, proche le Mur-de-Barrez (Aveyron). De là ils ravageaient impunément l'Auvergne et le Gévaudan.

Vers le milieu de l'année 1360, une compagnie, sous la conduite d'un capitaine nommé Perrin Bouvetaut, s'empare du couvent fortifié du Monastier Saint-Chaffre, dans le Velay. Les barons et les gentils hommes du diocèse du Puy se coalisent en toute hâte. Le vicomte de Polignac commande l'expédition, qui se met en marche le 19 janvier 1361. Le siège dura quarante-cinq jours. La ville et l'abbaye tombent au pouvoir des troupes vélaviennes le 7 mars suivant. Les vainqueurs massacrent sans pitié tous ceux qu'ils peuvent saisir (2).

L'histoire générale de Languedoc n'attribue pas aux

---

(1) Lego in adjutorium constructionis sive edificii murorum dicte ville Marologii tres florenos auri, boni ponderis semel tantum. — Archives départementales. G. 1362.

(2) Mandet : histoire du Velay.

seules troupes du Velay le succès de ce siège, mais en général aux milices et à la principale noblesse de la sénéchaussée de Beaucaire.

Si le fait de la prise du Monastier, en 1360, et l'expulsion de l'ennemi au commencement de l'année suivante, après quarante-cinq jours de siège est exact, ce monastère serait tombé de nouveau au pouvoir des grandes compagnies en 1362. C'est ce que nous apprend une lettre du maréchal de France, Arnoul, Sgr d'Audencham, adressée au trésorier de France et au receveur des finances de Nimes, le 19 novembre 1362. Il leur annonce qu'il a chargé le sieur Durand Artaut, de Mende, de faire la levée d'un demi denier par feu, imposé sur les communautés du Gévaudan, du Velay et du Vivarais, jusqu'à concurrence de 5,000 florins d'or, somme destinée à combattre et à chasser les ennemis de la sénéchaussée de Beaucaire, et particulièrement ceux de la compagnie du capitaine *Penin bourre*, qui récemment s'étaient emparés et occupaient encore le lieu et forteresse du Monastier Saint-Chaffre (1).

En présence de ce document authentique, on pourrait se demander si la prise de ce monastère, rapportée à l'année 1360, serait exacte, et si le nom du capitaine *Perrin Bouvetaut*, ne serait pas le même personnage que *Penin-Bourre*. C'est aux savants de la Haute-Loire à éclaircir ce fait important.

Le 12 juillet 1560, Rancon de Rochefort, chevalier, bailli de noble Guérin d'Apchier, fit publier que les chefs de maison de Croisances, eussent à venir, de dix

---

(1) Nunc occupatum detinent (G. 1034).

en dix jours, monter la garde au château de Vazeilles, sous peine d'une amende de 50 livres. Le procureur de l'évêque de Mende et les habitants protestent contre cette injonction, disant qu'ils n'étaient point tenus à cette corvée, et, de plus, qu'elle était faite au préjudice des droits et privilèges du prélat (1).

Les habitants des Cévennes, dans leurs profondes vallées, ne se croyaient pas à l'abri des bandes anglaises. Le 17 avril 1361, le chevalier Pierre de Peyre, bailli de Mende et de la terre épiscopale, donne des ordres précis pour mettre en état de défense l'important château de Saint-Julien-d'Arpaon, et cela *propter eminens periculum guerrarum et inimicorum patriam invadentium*. En vertu d'une ancienne coutume et d'un droit acquis, les habitants du mandement de Saint-Julien-d'Arpaon étaient tenus de construire et de creuser les fossés de cette forteresse, et d'y faire le guet (*gachas sive excubias*) (2).

A cette époque on se croyait en sûreté que dans l'intérieur des villes fortes ou dans l'enceinte des châteaux-forts. Le gouverneur de la baronnie de Canillac, qui devait se rendre à Paris, en qualité de procureur du cardinal Raymond de Canillac, des évêques de Saint-Flour et de Maguelone, et de Pons, abbé d'Aniane, malgré l'importance de la mission qui lui était confiée, n'osa point quitter la ville de Mende, à cause des guerres et des courses des grandes compagnies (3).

---

(1) Série G. 413.
(2) Série G. 538.
(3) Ratione guerre anglicorum ubi current inimici civitatis Mimatensis, sine periculo corporis sui. (Archives départementales). — G. 1361.

L'église paroissiale, située hors les remparts de Mende, ne voit plus les fidèles. Les offices se font dans les chapelles de l'intérieur de la cité, tant la crainte était grande. L'official de l'évêché, pendant la vacance du siège épiscopal, par ses lettres du 15 novembre 1561, autorise la bénédiction d'un mariage dans la chapelle, sous le vocable de Saint Blaise et Sainte Tècle, attendu « qu'on n'ose point se rendre à la paroisse, par crainte des ennemis qui, par la force des armes, s'efforcent de détruire la patrie » (1).

Les propriétés s'affermaient difficilement. Les propriétaires qui avaient des fermiers devaient leur tenir compte des dommages qu'ils pourraient recevoir à cause de la guerre et des courses des ennemis qui parcouraient le Gévaudan (2).

Le 17 novembre 1561, noble Pierre Astorg, administrateur de la temporalité de Mende, fait défense d'ouvrir les portes de la ville avant le lever du soleil.

Le bourg de Chirac et le village du Monastier eurent beaucoup à souffrir de l'invasion. Une enquête dressée le 28 novembre de la même année nous représente les habitants de ce dernier village réduits à la plus extrême misère. Les anglais ont brûlé leurs denrées et emprisonné diverses personnes. On ne trouvait que sept bœufs dans toute l'étendue de la paroisse. De huit ou neuf corroyeurs qu'il y avait, il n'en restait pas un

---

(1) Attentê metum inimicorum qui patriam presentem vi armata conantur destruere.

(2) Ratione guerre et propter cursam inimicorum dicti nostri Francorum regis (Archives départementales, registre de M⁰ Aldebert Jaussion, série E.).

seul. Tous les habitants, à l'exception de deux qui exerçaient la profession de notaire, ne pouvaient vivre sans l'assistance publique. Seize maisons du village avaient été incendiées.

Chirac ne fut pas moins maltraité. Un témoin dépose dans l'enquête que, du vivant du prieur Anglic de Grimoard, oncle du pape Urbain V, la dîme du blé levée dans la paroisse produisait 195 setiers, tandis qu'actuellement, dit-il, elle n'en rend que 50.

La chronique de M. Veyron, rapporte que, cette même année, les syndics de Marvejols, pour éviter l'incendie de leur ville, payèrent une contribution de guerre aux anglais.

La ville de Saugues paya un douloureux tribu à l'invasion. Une de ces nombreuses compagnies de gens de guerre, arrivée par le Malzieu et au travers des neiges du Cantal, ayant Pacimbourg et Tressange pour chefs, s'empare de cette ville vers le mois de mars 1362. Elle est incendiée, et les habitants éprouvent la barbarie des vainqueurs. Arnoul d'Audenham, maréchal de France, lieutenant général en Languedoc, à la tête d'une petite armée, vint mettre le siège devant Saugues pour en chasser l'ennemi. La noblesse du Gévaudan et du Velay, se trouve au rendez-vous. On y voit le baron d'Apchier, le vicomte de Polignac, etc. (1).

Les Français reprennent la ville, mais que de ruines à réparer !

Après leur délivrance, les habitants de Saugues expo-

---

(1) Randonnet-Armand VI, dit le grand, vicomte de Polignac, avait sous sa bannière 120 hommes d'armes et 1,000 soldats, ses vassaux.

sent à l'évêque de Mende, Guillaume Lordet, les maux qu'ils ont soufferts, dans leurs personnes et dans leurs biens. Notre ville disaient-ils, a été incendiée par les ennemis ou compagnies anglaises, *(societates Englicorum)*, ennemis de notre Roi qui, parcourant le pays, entrèrent dans notre ville et dans plusieurs autres lieux du diocèse de Mende. Une grande partie de nos murailles a été détruite ; nous voudrions les reconstruire pour notre sureté et notre défense ; mais nous ne le pouvons faire à cause de notre extrême pauvreté et de notre misère. Ils supplient le prélat de consacrer à cette œuvre, les biens que Bertrand Pagosse et Jean Lardayrot, avaient légués aux pauvres de la ville. L'évêque de Mende, avant de statuer, ordonna au curé de Saugues, de faire part en chaire, un jour de dimanche ou de fête, de la demande qui lui était faite ; de la notifier aux intéressés, c'est-à-dire aux pauvres, et aux habitants, afin de s'assurer s'ils consentaient à cette substitution (1).

La ville de Saugues, possédait un Chapitre de quarante chanoines ; mais à la suite des guerres et des maladies contagieuses, il fut réduit à seize membres.

M. Deribier dans sa description de la Haute-Loire, dit : « à deux cents pas, hors des murs au nord de Saugues, sur un pavé, dont les pierres sont grossièrement taillées, s'élève, à deux mètres de distance l'une de l'autre, quatre colonnes cylindriques, portées chacune sur sur une base cubique dont les dimensions sont de deux tiers de mètre. La hauteur des colonnes est d'environ

---

(1) Archives départementales, G. 960.

4 mètres et leur circonférence d'un peu moins de 2 mètres. Elles soutiennent une voûte en ogive, construite en petites pierres et reconstruite par un toit qui la défend des injures de l'air. Du reste, aucune inscription n'accompagne ce monument, et la tradition ne dit autre chose sinon que c'est *le tombeau du général anglais*. Des fouilles ont été faites, et l'on n'a pas eu la peine de creuser beaucoup, car le roc se trouve immédiatement sous le pavé. Ainsi, personne n'a été enterré là ».

III

L'un des chefs les plus célèbres des grandes compagnies, est sans contredit Arnaud de Cervole, dit l'archiprêtre, gentilhomme du Périgord. Il avait embrassé le parti des armes au service de la France ; il fut blessé et fait prisonnier à la célèbre journée de Poitiers, en combattant pour le roi Jean-le-Bon. Quand il eut recouvré sa liberté, il se mit à la tête de quelques compagnies et courut ravager plusieurs provinces. Le pape qui résidait à Avignon fut obligé de traiter avec cet audacieux capitaine et l'invita même à venir le voir. L'archiprêtre, dit Froissard, fut aussi révéremment reçu comme s'il eut été au roi de France, et dîna plusieurs fois devers le pape et les cardinaux ; et lui furent pardonnés tous ses péchés, et, au départir, on lui livra quarante mille écus ou 522,400 livres. Il avait déjà retiré de la Provence une contribution de 20,000 florins d'or, c'est-à-dire environ 192,500 livres. Il abandonna le pays chargé d'or et de butin, après l'avoir ravagé pendant trois mois (1).

---

(1) Histoire de Provence, par Papon, T. 3.

Dans les premiers mois de l'année 1362, le frère de l'archiprêtre passa à Mende. Le 6 janvier, le Maréchal de France Arnaul sire d'Audencham, « capitaine, général et souverain en tout le pays de la Languedoc, pour le Roi, donnait un sauf conduit à son bien aimé messire Pierre de Cervole, chevalier de notre très cher et redoubté seigneur, M. le duc de Berri et d'Auvergne, et qui devait aller devers ledit duc de Berri, accompagné de vingt-six chevaux. Nous croyons que ce Pierre de Cervole, qui était le frère du fameux chef de compagnies, passa à Mende. Nous trouvons en effet dans les dépenses communales de cette époque, la mention suivante : « achat de quatre livres trois onces de cire » *afar lo gay per vila quam say era lo frayre del archiprestre* (1).

La tradition locale foit remonter à l'époque de l'invasion anglaise le sobriquet de *Barraban*, que portent les habitants de St-Chély-d'Apcher, petite ville du département de la Lozère. Ce serait pour eux un titre glorieux. On dit que la vaillante population de St-Chély, assiégée par les routiers les aurait victorieusement repoussés en stimulant son courage par le cri de *Barro en abon*, c'est-à-dire barre en avant, et par corruption, on aurait fait de ces mots celui de *Barraban*.

D'après la tradition, l'attaque de St-Chély, par les routiers, aurait eu lieu en 1362. L'ennemi aurait eu à sa tête Bertugat d'Albret et Seguin de Badafol. Cette sortie vigoureuse contraignit les routiers à lever en toute hâte le siège de la ville et leur ôta même l'envie d'y revenir.

---

(1) **Archives départementales.** — Insinuations du Balliage.

A quelques centaines de mètres au nord de St-Chély, sur la route de Paris, on voit encore une petite croix en pierre, appelée *la Croix des anglais*, qui rappelerait, dit-on, l'endroit ou leurs morts furent ensevelis. On voit gravées sur cette pierre la croix de Toulouse, quelques caractères gothiques, qu'il nous a été impossible de déchiffrer tellement ils sont détériorés par l'injure du temps et l'âpreté du climat.

Les habitants de Marvejols avaient eu aussi une glorieuse revanche. Entre cette ville et le bourg de Chirac, on voit un plateau assez élevé qui semble avoir été frappé de malédiction. Son aspect n'offre rien à la vue de l'observateur qu'une surface aride, ne produisant que des chardons et des ronces. On y remarquait une croix de pierre qui portait aussi le nom de *Croix des anglais*. Autour de ce monument religieux on aperçoit quelques vestiges assez semblables à d'anciens fossés qui ont servi de sépulture. C'est là, d'après la tradition, que les anglais éprouvèrent une grande défaite. Depuis lors, ce lieu est appelé le cimetière des anglais (1); telle est du moins la croyance commune des gens du pays. Le drapeau qu'on prit en cette occasion sur l'ennemi, resta depuis suspendu à la voûte de l'église collégiale de Marvejols, et, quoiqu'il fut en lambeaux, la garde nationale de cette ville, lors de sa formation spontanée, en 1789, l'arbora comme un trophée honorable pour elle (2).

Parmi les seigneurs gévaudanais qui se dévouèrent à

---

(1) Cementary des angleses.
(2) Notes manuscrites de M. Cayx.

la défense du pays, les chroniques signalent le vicomte de Polignac; Randon, son frère; le baron d'Apchier, etc.

Ce dernier seigneur, que le roi Jean-le-Bon qualifie de bien aimé et de fidèle chevalier (1), obtint de ce prince la permission de lever, pendant cinq ans, dans les mandements d'Apcher, de St-Alban, de Montalcyrac et dans la ville de St-Chély (*de sancto Aleyrio*), une redevance sur les marchandises, denrées et bestiaux, pour être consacrée à la fortification de ses châteaux. L'imposition est de trois deniers sur les victuailles et autres denrées; deux deniers sur les bêtes bovines; et un denier sur chaque troupeau qui passeraient dans les localités appartenant à ce noble baron. Ces lettres sont du 15 mars 1562.

L'historien Menard donne, à la date du 26 janvier 1562, l'acte de concession de ces mêmes droits, par le maréchal d'Audeneham, lieutenant du Roi ès parties de Languedoc. « Oye la supplication de noble homme le sire d'Apchier, contenant que les lieux de Saint-Alban, St-Chély, etc., appartenant à lui, ont très grand besoin et nécessité de réparations et fortifications à la tuition, garde et défense d'iceux lieux et du pays de environ;... considérant les bons et agréables services faits au Roi notre dit seigneur, en ses guerres et ailleurs par ledit suppliant; à icelui avons octroyé et octroyons, de notre grâce spéciale et autorité royale dont nous usons, que jusques à cinq ans prochainement venans après la date des présentes lettres, il puisse lever ou faire lever le barrage ou péage qui s'ensuit : c'est à savoir de et sur

---

(1) Archives départementales. — Série E. — Titres de la maison d'Apchier.

chascune grosse bête chargé de vivres ou denrées quelconques passant par lesdits lieux, 3 deniers ; sur chacune grosse bête qu'elle qu'elle soit, non chargée, 2 deniers ; de chacun tropel de bêtes blanches, montant jusques à nombre de 10 bêtes, 3 deniers ; item de chascun gros porc, 1 denier ; de chascun pot de vin, 1 denier. Tous lesquels deniers soient convertis, sans fraude, aux fortifications et réparations des lieux dessus dits, etc. »

La ville de Mende multipliait ces travaux de défense au prix de grands sacrifices pécuniaires. Les syndics font abattre les maisons des faubourgs qui pouvaient servir de refuge à l'ennemi, pour être trop rapprochées des remparts. Le 27 juillet 1362, la ville donna une indemnité de 70 florins d'or au sieur Vilaton, bourgeois, pour sa maison dont la démolition avait été jugée utile.

La généalogie de la famille de Morangiés mentionne la prise, par les anglais, du château de La Garde-Guérin, en 1362. L'année suivante ce fut le tour de la ville de Florac. Cette petite ville, aujourd'hui chef-lieu de sous-préfecture, était le siège d'une des huit baronnies du Gévaudan. Elle est agréablement située au fond d'un bassin entouré de montagnes. A cette époque, cette baronnie appartenait à Bernard d'Anduse. L'enceinte du château qui dominait la ville était peu considérable ; mais elle était entourée d'un fossé qui en rendait l'accès difficile. Toutefois, un des capitaines des grandes compagnies, appelé Fabrosse, à la tête de mille hommes à cheval, s'empara de la ville et en incendia une grande partie (1). Les habitants de Nimes reçurent la nouvelle de ce triste événement le 26 mars 1363.

---

(1) Fabrossa, capitaneus, mille equitum descenderat apud Floriacum et majorem partem combuzerat.

Mende et Marvejols ajoutent toujours de nouvelles défenses à leurs fortifications. Elles creusent des fossés et construisent des murailles. Le 22 avril suivant, les syndics de Mende envoient un exprès à Nimes pour donner avis aux consuls que les ennemis étaient devant la ville et faisaient des courses dans le pays (1). Le 19 août le château de Balsièges, appartenant à l'évêché de Mende, tombait au pouvoir des compagnies commandées par Berard de Lebret et Tonet de Badafol. Les ennemis gardèrent pendant quinze jours cette place et ne la rendirent qu'après avoir reçu une forte somme d'argent.

Le 15 août précédent, Pierre Raymond de Rapistaing, sénéchal de Beaucaire, adressait une lettre au viguier et au juge de Meyrueis, dans laquelle il leur recommandait de fortifier les châteaux et les forteresses qui pouvaient utilement être défendus, d'y mettre des soldats, des provisions et des munitions de guerre.

Le Sénéchal, « plein de confiance en la probité et capacité des officiers royaux, leur ordonne de se rendre en personne dans les lieux des vigueries de Meyrueis, du Vigan et du Bailliage du Gévaudan, Marvejols et autres propriétés du Roy et de l'évêque de Mende, et de concert, avec les nobles du pays, visiter les châteaux pour vérifier ceux qui devaient être conservés. Il recommande de faire bonne garde pendant le jour et pendant la nuit ». La lettre du Sénéchal est datée de Montpellier (2).

---

(1) Die XXII aprilis solvit cuidam famulo misso per sindicos Mimatenses, narrando dictis consulibus quod Societates erant ante Mimatensem, patriam discurrendo, pro toto 4 grossos.

(2) Archives départementales. — G. 1034.

En vertu de cet ordre, noble Pierre Bernard, damoiseau, viguier de Meyrueis et du Vigan, se rendit à Montrodat, près de Marvejols, et donna copie des lettres du Sénéchal à Pierre Vigier, bailli de la Cour commune et Bailliage du Gévaudan.

Les grandes compagnies laissèrent respirer pendant quelques mois le Languedoc. Elles s'étaient retirées pour aller ailleurs porter leurs ravages. En conséquence, le maréchal d'Audencham crut alors pouvoir supprimer les hommes d'armes établis à la suite du sénéchal de Beaucaire, à compter du jour de la retraite des ennemis; c'est ce qu'il fit le 9 septembre 1363 (1).

Le 15 octobre suivant, il permit aux habitants du Velay de traiter avec Seguin de Badefol, capitaine des routiers, et de faire une levée de deniers pour acquitter la somme stipulée dans le traité. Il donna, le même jour, des lettres de répit à divers barons et nobles des bailliages de Gévaudan, du Velay et du Vivarais, pour les sommes qu'ils devaient payer à l'occasion de la guerre du Pont-Saint-Esprit.

Le calme fut de courte durée : au mois de novembre de la même année, Bauducard d'Albret, capitaine d'un parti anglais, vint faire des courses en Gévaudan. Le 28 de ce mois les consuls d'Anduze écrivaient « que ce chef de compagnie était dans le diocèse de Mende, se jactant de venir dans leur contrée, et qu'il commettait

---

(1) Informati quod inimici et latrunculi qui aliqua loca atque castra dictæ Senescalliæ et specialiter in terra Gaballitana ceperant et occupaverant, terramque ipsius Senescalliæ discurrebant, loca deseruerunt et dicam Senescalliam totaliter exiverunt, ad partes alias remotas se transferendo, etc.

beaucoup de méfaits (1). Les anglais semblaient en effet avoir pour but la ruine de notre pays. Les villes et les châteaux qui pouvaient leur résister n'oubliaient rien pour opposer une barrière à leurs courses. Mende faisait des efforts surhumains pour obtenir ce résultat. Le 12 février 1364, noble Pierre Vigier, bailli de la Cour commune du comté de Gévaudan, le capitaine et plusieurs gentils hommes de la ville, firent publier que ceux qui avaient des maisons dans les fauxbourgs eussent à les démolir. On commença par celle de l'abbé Jean Vitalis, prêtre, situé au haut du portal Soubeyran ; le propriétaire était absent depuis plusieurs années.

Le 4 avril de la même année un traité fut conclu par la médiation du seigneur d'Albret, entre les gouverneurs du duc de Berri et d'Auvergne, le comte de Boulogne et d'Auvergne, les gens de ce pays, d'une part ; Seguin de Badefol et divers capitaines des grandes compagnies, d'autre part. Il fut convenu que les gens de guerre évacueraient le pays et cesseraient les hostilités dans les montagnes d'Auvergne, du Velay et dans la partie du Gévaudan qui relevaient du Dauphin d'Auvergne (2). En vertu de ce traité, les villes du Malzieu, de Saugues et plusieurs paroisses des environs furent comprises dans le contrat. Le reste du Gévaudan resta exposé aux courses des routiers. Le patriotisme de la population gévaudanaise multiplia ses généreux efforts et ses sacrifices.

Le village des Salelles, gracieusement situé au sein

---

(1) Bauducardus est in Gabalitano et prout aliqui dicunt, se cotidié jactat quod veniat ad partes istas et multa mala facit.

(2) Revue des Sociétés savantes. T. IV*, année 1876.

d'une riante vallée que baigne le Lot, appartenait aux moines bénédictins du Monastier, près de Chirac. Ces religieux y possédaient un château-fort dont il reste encore des vestiges. Cette petite forteresse protégeait le modeste village. Le 30 juin 1363, les habitants se concertent pour démolir, dans un but d'utilité publique, une maison qui nuisait à la défense du fort. Les ennemis étaient dans le voisinage.

Il fallait nommer un capitaine pour veiller à la garde de la forteresse et le choix désigne un enfant du village : Anglic Boisson. Le 30 juin, il promet, avec serment, de bien et fidèlement garder, le jour et la nuit, le château confié à sa garde, pendant une année ; la communauté lui accorde 9 florins d'or, l'exemption des tailles et des corvées. De son côté, il doit lever gratuitement la taille de la paroisse (1).

IV

Un noble gévaudanais, Guillaume de Grimoard, avait été élevé au souverain pontificat, le 8 octobre 1362. Il ne resta pas indifférent aux calamités du pays qui l'avait vu naître ; mais il eut lui-même à compter avec les ennemis de la France, et ne put faire que des vœux stériles pour la délivrance ou le soulagement du diocèse cher à son cœur.

Les officiers du Bailliage royal de Marvejols, accompagnés d'une suite nombreuse de gens de guerre, se

---

(1) Archives départementales de l'Aveyron. — Série D. — Titres du Monastier.

rendent, le 12 juin 1364, au village du Monastier, près de Chirac. Ils font publier, dans les rues, que défense est faite aux habitants d'avoir des relations avec les anglais, et ordonnent de renfermer les denrées dans l'enceinte du château. Les officiers du Bailliage, par cet acte de juridiction, empiétaient sur les droits du prieur. Aussi cinq jours après, le frère Gui de Moriès, sacriste du monastère, procureur de Mre Bernard Fabri, prieur de de l'établissement, proteste devant le bailli royal de Marvejols, Guillaume Roquête, de l'empiétement des officiers royaux sur la juridiction et les droits du prieur (1).

A la même époque, Mende emploie le produit des droits imposés sur les marchandises et denrées qui entrent dans la ville à réparer ses murailles et ses fossés. Marvejols imite l'exemple de la cité épiscopale.

Le Languedoc passa cette année sous le gouvernement de Louis d'Anjou, comte du Maine, que le roi Charles V, son frère, nomma lieutenant général en cette province, vers le 15 novembre.

On peut juger du triste état du Gévaudan par une lettre du Roi, adressée aux officiers de la Chambre des Comptes, aux trésoriers et au receveur des finances, de la sénéchaussée de Beaucaire. Ce prince leur ordonne de se contenter de 4,000 francs d'or, à percevoir sur le diocèse. Avant la guerre et les maladies, le Gévaudan comptait 15,462 feux ; en 1364, il s'en trouvait seulement 4,610 (2). Chaque feu payait un florin d'or.

---

(1) Archives départementales de l'Aveyron, série D.

(2) Foci dicti dyocesis qui multi destructi fuerant et sunt, tam propter mortalitates quam etiam propter guerras quas gentes societatum fecerunt et adhuc faciunt in dictis partibus. (Archives départementales. – G. 855.)

Le pape Urbain V, qui conserva toujours une affection filiale pour notre pays de montagnes où il avait reçu le jour, s'efforça mais en vain de mettre un terme aux ravages des grandes compagnies. Par ces bulles de l'année 1364, adressées à l'évêque de Mende, il excommunie « ces fils d'iniquités qui pillaient le diocèse ; et accorde l'indulgence plénière à ceux qui succomberont en les combattant (1) ».

Le pape fait un triste tableau des brigandages commis par ces bandes d'aventuriers : « ils brûlent les moissons, incendient les habitations, coupent les vignes et les arbres, enlèvent les bestiaux et tout ce qu'ils peuvent emporter, maltraitent les pauvres paysans et les chassent de leurs demeures. Ils attaquent la ville de Mende, les châteaux et autres lieux du diocèse ; se conduisent comme des hommes sanguinaires et des bêtes féroces ; traitent avec cruauté les personnes qu'ils font prisonnières pour extorquer leur argent, leur font subir diverses et d'incroyables tortures. Enivrés de fureur, n'ayant aucun sentiment de pitié, personne ne trouve grâce auprès d'eux ; ils n'épargnent ni l'âge, ni le sexe, ni la condition. Non-seulement ils s'attaquent aux hommes qui défendent leur vie, leur famille et leur foyer, mais encore aux femmes, aux vieillards et aux jeunes gens. Leur rage atteint même les enfants au berceau ; et, ce qui est plus horrible, ils violent les vierges consacrées à Dieu, et souillent les femmes mariées (2).

---

(1) Concedimus si in hujusmodi pugna decesserint aut vulnerati et ex eorum vulneribus hujusmodi etiam alibi ubicumque de hac vita migraverint, plenam remissionem omnium peccatorum suorum. — Archives départementales, G. 24.

(2) Sicut jam in publicam noticiam credimus pervenisse, non nulli viri nefarii, de diversis nationibus, in multitudine gravi in diocesi tua Mi-

La ville de Mende, grâce à ses fortifications, à l'active vigilance des magistrats, au patriotisme de ses habitants, tenait l'ennemi en respect. Elle ne reculait devant aucun sacrifice. Les constructions en dehors des murailles étaient démolies afin de ne point fournir un asile aux compagnies, si elles osaient tenter un coup de main sur la ville. Le 5 janvier 1365, on paya 11 florins d'or moins 5 gros au Mre Durand Christin, prêtre, pour l'indemniser de la ruine de sa maison, située hors la porte du Soubeyran, démolie pour cause d'utilité.

Cette année les grandes compagnies enlevèrent le bétail des habitants de la paroisse de Lachamp. Cette localité dépendait de la directe du Chapitre cathédral de Mende. Les emphytéotes étaient obligés de porter dans cette ville les redevances dues aux chanoines. Mais à cause des pillages dont ils avaient été les victimes, le Chapitre les déchargea de cette obligation, à la charge par eux de nourrir la personne envoyée pour lever les redevances, avec ses chevaux, et cela pendant tout le temps de son séjour à Lachamp (1).

---

matense congregati extorqueant segetes et domos cremare, vites et arbores incidere, animalia et quicquid aliud possunt in predam abducere moliuntur, pauperes que plebeios solo timore a propriis laribus exulare compellantur, civitatem quoque Mimatensis ac castra et alia loca dicte diocesis non solùm hostiliter aggrediuntur insultibus obsident, invadunt, capiunt, spoliant et incedunt... et ut viros sanguinum imo cruentas bestias se patenter ostendant et cuncti eorum potentiam et seviciam perhorrescant ; quos possint in miseriam captionis abducere ut extorqueant ab eis pecunias inhumaniter cruciant... inebriati furore omnis que p etatis exortes, non partentes conditioni, etati vel sexui.... non solum viros se suasque familias et patrias justissimo defendentes, sed mulieres ac senes et juniores et in cunabulis vagientes truculenta rabie perimire non aborrent, et quod horribilissmum est auditu et amaré refferimus stuprant, virgines etiam dicatas altissimo et maculant conjungatas, etc. (G. 24).

(1) Quia omnia animalia sua perdirant et eis fuerunt ablata per inimicos regni Francie qui discerrerunt totam patriam Gabalitanam. (Archives départementales, G. 1191).

Vers la même époque, les chanoines firent procéder par leurs officiers au jugement d'un traître qui avait facilité aux ennemis l'entrée du château et fort de Laubert. Ce malheureux, peut être sous la menace de mort, leur remit les effets des habitants déposés dans la forteresse. Il indiqua même aux compagnies les chemins à suivre probablement pour de nouveaux exploits (1).

Les seigneurs gévaudanais faisaient bonne garde dans leurs châteaux. Les vassaux devaient à tour de rôle faire guet et garde. Une contestation s'éleva à ce sujet entre noble Odilon Garin, Sgr du Tournel, et noble Guigon de Villaret. Un compromis, passé le 4 janvier 1566, vint terminer le différend. Par cet acte il fut convenu que tous les habitants des villages de Feljas, de Malmont, du Sauvage, des Alpiers et du Cheyrous, feraient guet et garde au château du Tournel ; les habitants du Mazel, de l'Hermitan, de Saint-Jean, du Mazel, de la Bessière, de Bonetés et de Chadenet, feraient la garde au château de noble Guigon de Villaret. En cas de refus de la part des emphytéotes du Sgr du Tournel, ils devaient être contraints par les officiers du Sgr de Villaret (2).

Dans le courant du mois de février, même année, un jour de dimanche, le château de Laubert eut de nouveau la visite intéressée d'une compagnie de gens de guerre. Ils s'y étaient introduits par une ouverture qu'ils avaient pratiquée dans le mur. Les meubles et les denrées que

---

(1) Archives départementales, G. 1055.
(2) Archives départementales. — Série E., registre de M° Bachalar, notaire.

les habitants avaient déposés dans la cour furent à la discrétion de ces malfaiteurs. Les soldats demandaient 40 francs, promettant, moyennant cette somme, de ne toucher à rien. Les pauvres habitants ne pouvant la fournir, à cause de leur extrême misère, se virent enlever leurs bestiaux renfermés dans le fort.

L'un des plus célèbres capitaines des routiers, Seguin de Badafol, ce roi des compagnies, s'était retiré à Ance, dans le Lyonnais. Il consentit à sortir de cette place moyennant 48,000 florins d'or. Le Lyonnais et le Maconnais devaient payer 25,000 florins, et les trois sénéchaussées de Languedoc le restant de cette somme.

En conséquence, les communes de cette province sont convoquées à Rodez, par le duc d'Anjou, pour procéder à la répartition de la quotité à supporter par chacune des communautés de son ressort.

L'évêque de Mende, Guillaume Lordet, adresse des humbles remontrances au roi de France, au sujet de cette imposition, attendu, disait-il, que le Gévaudan, en vertu de ses privilèges, successivement confirmés par les souverains, ne devait point contribuer aux dépenses de cette nature. D'ailleurs, ajoutait le prélat, le diocèse de Mende a été dévasté par ce même Seguin de Badafol, les autres grandes compagnies, et les ennemis du royaume; plusieurs traités ont été conclus avec ce capitaine et autres chefs du parti anglais, des sommes considérables leur ont été payées, sans que les habitants du lieu d'Ance et autres des pays circonvoisins y aient jamais contribués.

Le roi Charles V, reconnaissant la justesse de cet exposé et les privilèges du diocèse de Mende, donna ordre au juge-mage de la sénéchaussée de Beaucaire et au bailli de la Cour commune du Gévaudan, de ne point comprendre ce pays parmi ceux qui devaient fournir à la contribution. Les lettres du roi sont datées de Paris, le 4 juillet 1366 (1).

Le pape Urbain V, toujours soucieux des intérêts et de la gloire du diocèse de Mende, fit, cette année, commencer les travaux de construction de la vaste église cathédrale de cette ville. Il n'oublia pas non plus le prieuré conventuel du Monastier, près de Chirac, où il avait passé une partie de sa jeunesse, et prit l'habit bénédictin. Par acte du 10 décembre 1366, Bernard Fabri, prieur du Monastier, son procureur, donna à prix fait, par ordre du pape, la construction d'une tour à côté du chevet de l'église monacale. Cette tour, destinée à servir de défense au monastère, devait être carrée. Elle faisait face à la chapelle de Saint-Vincent, et auprès de celle de Notre-Dame. Pierre Dupeyron, habitant de Saint-Flour, et Pierre Alméras, du Monastier, furent chargés des travaux, sous la direction de noble Guidon de Moriers, sacriste de l'établissement. Cet édifice devait avoir au moins vingt palmes de hauteur ; à son sommet, huit piliers en pierre devaient supporter la toiture. Les entrepreneurs s'obligèrent à sculpter les armes du pape en deux endroits de la tour. La canne carrée leur est payée à raison de quatre florins d'or. De plus, on leur donna, pour une fois seulement, six florins pour achat d'acier et un habillement (2).

Cette tour fut un asile assuré contre les bandes enne-

---

(1) Archives départementales, G. 853.
(2) Archives départementales de l'Aveyron, série D.

mies qui n'osaient pas en entreprendre le siège. Pendant les guerres de religion, elle fut encore utile aux habitants. Cette fortification a été démolie dans ces dernières années ; elle était d'une telle solidité qu'il fallut employer la mine pour en abattre les puissantes murailles.

La petite ville de La Canourgue, qui possédait aussi un antique monastère, le plus ancien peut être du Gévaudan, n'échappa point à la rapacité des bandes de Seguin de Badafol. La ville était protégée par un château-fort appelé le château de St-Etienne. Sa position, sur un mamelon, le rendait inexpugnable. Mais il n'en fut pas de même des maisons situées en dehors de son enceinte. Un document du mois de juillet 1366, nous apprend que la maison de Bernard et de Jean Malian, frères, située sous la forteresse, fut incendiée par les soldats de Seguin de Badafol. La maison du sieur Jean Gay, à côté de celle des Malian, eut le même sort (1).

Le bourg de Chanac, bâti sur le versant d'un mamelon, était dominé par un important château-fort, résidence épiscopale des évêques de Mende, pendant la belle saison. L'évêque Pierre d'Aigrefeuille tenait à cœur à défendre ce riche fleuron des propriétés épiscopales. Les habitants, de leur côté, dans une pensée patriotique, s'obligent à faire nuit et jour guet et garde à la volonté du capitaine préposé à la conservation du château. L'acte de cette promesse fut passé le 2 janvier 1367, par Pierre Boyer et Jean Mairi, syndics de la communauté, pour et au nom des habitants de Chanac, en

---

(1) Archives départementales de la Lozère, série E., registre appelé : S. Remy. — Jean Collier, notaire.

présence des vicaires généraux de l'évêché (1). « L'évêque devait tenir ladite place garnie et pourvue de harnais et armes pour la défense et protection de ses sujets et de leurs biens. »

Vers la même époque, Pierre d'Aigrefeuille fut transféré au siège épiscopal d'Avignon. Le pape fit alors administrer le diocèse de Mende par des vicaires généraux, et consacra les riches revenus de la mense épiscopale aux travaux de construction de la cathédrale.

Le 18 juin 1368, Robert, évêque de Senez, et Astorge d'Auriac, archidiacre de Mende, vicaires généraux du pape Urbain V, autorisent l'imposition d'un denier, pendant une année, sur chaque coupe de vin qui serait vendu à Mende. Le revenu de cet impôt était destiné à la réparation des murs du quartier d'Auriac, en partie démolis. Le produit fut affermé 760 francs d'or.

Les syndics, Guillaume Amblard et Jean Fages, avaient sollicité cette réparation, d'autant plus nécessaire, disaient-ils, que l'on était en temps de guerre et que les ennemis rôdaient autour de la ville.

L'année suivante fut encore pleine d'anxiété pour les habitants de Mende. Des bandes nombreuses de gens de guerre étaient dans leur voisinage, comme nous l'apprenons d'un acte du 18 août 1369, relatif à l'arrivée, dans cette ville, de Mre Pierre Boyer, acolyte du pape Urbain V, que ce pontife envoyait pour affaires importantes. Ce fait confirmerait le récit du chroniqueur Veyron, lorsqu'il dit que, cette même année, le roi Charles V secourut Marvejols, par une puissante armée contre les anglais.

---

(1) Archives départementales, G. 384.

A cette époque l'argent était rare ; le commerce et l'industrie nuls. Les contributions payées aux compagnies avaient fait disparaître le numéraire. En 1569, Étienne Blanchon, baille de l'église collégiale de Saugues, n'ayant point d'argent pour les distributions mensuelles à faire aux membres du Chapitre, leur donna des marques de plomb et d'étain, portant d'un côté l'image d'un évêque, et de l'autre une crosse et une fleur de lis. Ces marques ou méreaux valaient un denier. En faisant cette émission, le baille promit de racheter cette monnaie de convention et provisoire lorsqu'il aurait de l'argent (1).

Les habitants du Monastier-les-Chirac, en voyant leur importante tour élevant ses créneaux, bien au-dessus des maisons et de l'église, prirent courage et confiance ; ils se voyaient capables de repousser les attaques des compagnies. Le 15 octobre 1368, le prieur fit publier par le sergent Jean Alègre : 1° que personne n'ose pactiser, s'entretenir ni avoir des rapports avec les anglais, ennemis de notre Roi, sous peine de crime de trahison ; 2° que ceux qui auraient des victuailles en dehors des forteresses de la terre et juridiction du prieuré, aient à les renfermer dans lesdites forteresses. Un délai de quatre jours est accordé pour exécuter cet ordre. En cas de refus, les victuailles deviennent la propriété du premier occupant (2).

---

(1) Annales de la Société d'agriculture, sciences et arts du Puy, année 1849.
(2) Archives départementales de l'Aveyron, série D. 360.

V

A la demande des syndics de la ville de Mende, Astorge d'Auriac, archidiacre, et Bernard Fabri, prieur de Saint-Martin-des-Champs, vicaires généraux du pape Urbain V, administrateurs du diocèse, autorisent, le 30 juillet 1370, l'imposition d'un denier sur chaque coupe de vin qui entrerait dans la ville, tant sur celui qui serait vendu dans les tavernes que sur celui qui serait acheté pour la provision des habitants. Le produit devait être affecté à la réparation des murailles, des palissades, des fossés et autres fortifications jugées utiles.

Les habitants de Mende firent de nouveaux sacrifices pour indemniser les propriétaires des maisons à abattre, attendu qu'elles gênaient la défense de la ville. On paya 22 florins d'or pour celle de Gaucelme Badaroux, située hors la porte d'Aigues-Passes; 2 florins et demi, pour complément du prix de celle de Pons Farsat ; 30 florins et demi à Raimond Alamand, pour deux maisons et pour livraison de pierres nécessaires aux remparts.

L'évêché possédait, sur la rive gauche du Lot, au village du Villard, un château-fort important. Sa surface était d'une étendue de quarante ares environ. Son accès était difficile, et il pouvait résister avec succès à une attaque. M. de Abriges, cellérier de Chanac, pour le pape Urbain V, donna dix florins d'or pour aider les habitants à réparer une tour du château, et vingt florins pour les gages du capitaine. Les administrateurs de l'évêché de Mende font aussi réparer le château de Serverette et celui de Ste-Eulalie ; ils donnent trois émines de froment pour l'entretien du capitaine qui veillait à la garde de la forteresse de Cénaret.

Vers la même époque, des bandes de maradeurs armés ravageaient les terres des seigneurs de Sévérac. Les excès de ces gens de guerre durèrent pendant longtemps (1).

Les vicaires généraux de l'évêché accordèrent au fermier du prieuré d'Auroux, bénéfice uni à la mense épiscopale, 55 florins d'or pour l'indemniser en partie des dommages que lui ont causés les ennemis du roi de France et les gens de guerre (2).

Le Frère Guin, religieux et sacristain du Monastier-les-Chirac, se rendit à Balsièges, château épiscopal, pour en ordonner les réparations nécessaires (3).

Le château de Grèzes, chef-lieu de la vicomté de ce nom, et du domaine royal en Gévaudan, par sa position inexpugnable, pouvait braver les attaques des grandes compagnies. Dans le IIIe siècle, sur le plateau de Grèzes, les gabales avaient, dit-on, résisté, avec avantage, à une armée d'allemands (4).

En temps de guerre, le bailli du Roi, à Marvejols, envoyait un capitaine et des soldats pour veiller à la garde de l'antique château. C'est dans ce boulevard que se retiraient les habitants des villages circonvoisins, quoique ne dépendant pas de la vicomté de Grèzes : tels ceux de Rocherousse, du Bruel et autres.

En 1570 on veilla encore avec plus de soin sur cette

---

(1) Propter dampnificationem inimicorum et gentium armorum discurrentium terram de Coveriaco per longum tempus.
(2) Archives départementales, G. 659.
(3) Archives départementales, G. 659.
(4) Grégoire de Tours.

forteresse, dont la situation, dit un acte, permettait à un petit nombre de soldats de résister aux ennemis (1). Mais à cause de la vétusté de ses murailles, des réparations urgentes étaient absolument nécessaires. On mit la main à l'œuvre. Sur le plateau que couronnait la forteresse, se trouvait la chapelle sous le vocable de Saint-Frézal ; c'est là que les habitants du village de Grèzes, situé au pied de la montagne, se rendaient pour les offices religieux.

Au commencement de l'année 1372, les gens de guerre de la compagnie du bâtard d'Armagnac commirent des déprédations aux environs de Mende. Ils enlevèrent aux habitants de Changefège des couvertures de lit, du pain, des fromages et tout ce qu'ils trouvèrent en fait de fourrages pour la nourriture de leurs chevaux. Les habitants de Changefège, emphytéotes du Chapitre de Mende, malgré les ordres qui leur avaient été donnés par les officiers du Chapitre cathédral, de renfermer leurs denrées dans le château-fort du Chastel-Nouvel, se virent, par leur négligence, réduits à la plus affreuse misère (2).

Le 19 mai 1372, l'évêque Bompar Virgile autorisa les syndics de Mende à percevoir deux deniers sur chaque coupe de vin ; la moitié du produit devait être affecté à la réparation des murailles et fortifications de la ville.

Le duc d'Anjou, lieutenant du Roi en Languedoc, touché des calamités qui avaient désolé le diocèse de Mende

---

(1) Dictus locus sive castrum situatum est in alto et defensibili loco et de facili et cum modica quantitate gentium potest resistere inimicis advenientibus. — Archives départementales, série E.

(2) Archives départementales, G. 606.

et la misère de ses habitants, modéra à 5 florins les 5 francs par feu, imposés sur les communautés de la province. Le franc valait environ un cinquième de plus que le florin. Voici la lettre textuelle, adressée au bailli du Gévaudan et au receveur chargé du recouvrement de cette imposition :

« De la partie des povres habitans de Gévaudan nous a été exposé que come ledit pays ait esté et soit moult grevé par les ennemis de Monseigneur et de nous et par les gens d'armes qui ont passé par ledit pays, et que en ycelui ait eu grans stérilité de biens ; et, tant pour les causes dessusdites que pour les grans subventions et tailles qu'ils ont souffert et leur a convenu paier ou temps passé, ilz n'ont de présent de quoy vivre et l'en les contraigne à poier trois francs pour feu pour le fait de la guerre ; laquelle chose ilz ne pourroient faire ni acomplir en aucune manière, sans fere vile distractions de leurs biens et sans estre à grant povreté et souffrir grant malaise et misère, se par nous ne leur est pourveu de notre grâce. »

En conséquence, il veut qu'au lieu de 5 francs par feu, on paye seulement 5 florins.

Donné à Toulouse, le 16 juin 1572.

Des bandes ennemies occupaient, au mois de septembre 1575, le château de Montrodat, et de la elles exerçaient leurs brigandages dans les environs. Le 11 de ce même mois le clergé de Mende donne deux sous six deniers à un nommé Durand Fages, envoyé à la Fagette pour ramener les bestiaux, à cause des ennemis qui étaient à Montrodat et qui pouvaient s'en emparer (1).

---

(1) Archives départementales, C. 1319.

Dans le courant de la même année, deux cavaliers étrangers au pays, arrivent au village de Laubert et mettent pied à terre devant la maison du sieur Étienne Pons. Ils se dirigent ensuite vers le château-fort. La garnison était peu nombreuse : elle se composait du gardien Pierre Pons et de sa femme Agnès Reynoard. Les cavaliers intiment l'ordre au châtelain de leur ouvrir. Sur son refus, l'un d'eux frappe à coups de hache la porte massive de la forteresse ; la porte lui résiste. Ne pouvant arriver à leur but, les deux étrangers retournent à la maison où ils étaient descendus, et après avoir bu et mangé ils prennent le chemin du village de Pelouse. On ne les revit plus.

Une nouvelle tentative eut lieu peu de temps après contre le même château. le châtelain Pierre Pons, avait, pendant son absence, confié la garde de la forteresse à un enfant. Un capitaine du parti anglais, Raymond dit le bâtard d'Armagnac, qui guêtait la proie, pénétra sans résistance dans la place, à la tête de ses troupes. Il se retira, après avoir enlevé les meubles et les denrées qui s'y trouvaient. Un procès-verbal fut dressé par les officiers du Chapitre contre le châtelain imprévoyant (1).

Les habitants du bourg de Saint-Etienne-du-Valdonnez et de ceux du voisinage étaient trop éloignés des châteaux de Chapieu et de Montialoux pour pouvoir facilement s'y renfermer à l'approche des ennemis. Le Sgr du Tournel leur permit, ainsi qu'aux habitants du Montet. de La Fage des Faux et de Molines, « de réparer leur *maisonage* en forme de château, et cela à leurs dépens,

---

1) Archives départementales, G. 606.

pour après s'y retirer avec leurs biens, pour leur tuition et défense en temps de guerre ; y tenir capitaine et y faire le guet et garde nécessaires. Ce qu'ils promirent d'exécuter dans un an ; moyennant quoy ils étaient déchargés du guet et manœuvre aux châteaux de Chapieu et de Montialoux (1). Cette concession est de l'année 1374.

Vers la même époque, le Chapitre de Mende fit procéder par ses officiers à une enquête contre un particulier qui avait livré à une bande de gens de gens de guerre deux juments et divers bestiaux renfermés dans le fort du Chastel-Nouvel.

Les chemins étaient infestés de brigands. Les rares voyageurs n'osaient guère s'aventurer sans faire d'avance l'abandon de ce qu'ils portaient. Une lettre, adressée en 1375 au notaire Jausion, à Marvejols, par un de ses amis qui s'était rendu dans le Comtat-Venaissin, lui annonce qu'il est arrivé, par la grâce de Dieu, à sa destination ; mais qu'il avait couru beaucoup de dangers. Toutefois, ajoute-t-il, je n'ai qu'a regretter la perte de ses bestiaux qui ont péri par la faim ou qui lui ont été enlevés (2).

Le 4 août de l'année suivante une nouvelle imposition de deux deniers sur chaque coupe de vin est accordée à la ville de Mende pour fournir aux réparations et fortifications de ses murailles. Le 31 août, le clergé ou université des prêtres, envoie un messager à ses fermiers de la métairie de la Fagette, près de Mende, pour les informer de la présence des gens de guerre « du parti anglais », aux environs de la ville.

---

(1) Archives départementales. — Serie E. Titres de la famille Corsier.
(2) Archives départementales. — Serie E. Titres lettre J.

Le châtelain ou capitaine du fort du Chastel-Nouvel appelé Étienne Hugonet, s'étant absenté de son poste, le 12 septembre, et avait laissé les clefs à la première porte de la tour. Un habitant du village, Étienne Vital qui devait monter la garde, s'en empare, les emporte et laisse la porte ouverte, dans le but de livrer la place aux anglais. A son retour, le châtelain demande les clefs ; Vital refuse de les lui remettre, malgré les menace d'une amende de dix sous tournois. Le châtelain double successivement l'amende jusqu'à la somme de 25 livres ; le détenteur répond toujours par un refus (1).

Dès l'année 1377, les anglais occupaient le château de Montferrand, dans la paroisse de Banassac. C'est dans ce mansoir féodal qu'Amphelise, mère du pape Urbain V aurait vu le jour. *Le Talamus* de Montpellier dit, mais à tort, que le château fut pris par les compagnies de Bertugat de Lebret et de P. de Galard, qui tenaient le parti des anglais au commencement de l'année 1380 (2), car dès le 5 août 1377, « fut appris à St-Flour que les consuls du Malzieu avaient écrit au capitaine de Ruines que les anglais de Montferrand venaient en ce pays » (3).

De ce château, fort par son assiette, les anglais faisaient des courses dans un rayon assez étendu. Les habitants de Mende étaient toujours en éveil. Le 15 mars

---

(1) Cloves predictas dicto castellano tradere recusavit, volens ipsas claves tradere inimicis Anglicis. — Archives départementales, G. 606.

(2) Item. En tor lo comensamen del dits an 1380, fo pres lo luoc de Montferrand en Galvadan per alcunas companhas de Moss. Bertugat de Lebret et de P. de Galart tenen se per Anglezes.

(3) Dictionnaire du Cantal, T. 3. page 303.

1378, le clergé de cette ville, par mesure de précaution, retire, de sa métairie de la Fagette, une cavale, et cela à cause des gens de guerre qui pouvaient s'en emparer. Le 3 août suivant, le clergé avait acheté l'herbage de l'enclos du sieur Germain pour la nourriture des bestiaux de la Fagette, mais une bande de gens de guerre des grandes compagnies s'empare du bétail, et le conduit à Badaroux. Ce fait indiquerait que le château de ce village appartenant aux évêques de Mende, était au pouvoir des grandes compagnies.

Du château de Carlat, près de Bénévant et de Vic, les anglais ravageaient le Rouergue, l'Auvergne et le Gévaudan. Le 19 février 1379, une de ces bandes de pillards s'emparent de nouveau du bétail de l'importante métairie de la Fagette, près de Mende. Les bestiaux et le bouvier sont conduits au château de Carlat. Le clergé dut se résoudre à racheter le bétail moyennant la somme de 75 francs d'or. Il paya en outre 4 francs au *connétable* du château de Carlat, 2 francs et demi au portier, et 1 franc 8 sous pour le sauf conduit délivré au sieur Pierre Espinasse, chargé de ramener les bestiaux (1).

VI

Les états particuliers du Gévaudan s'assemblent au mois de juillet 1379. L'évêque Pons de la Garde les préside. Dans cette réunion de la noblesse, du clergé et du Tiers-État, on décide de députer le marquis de Beaufort, Sgr de Canillac, Astorge de Peyre et Garin

---

(1) Archives départementales. — Série G, comptes du clergé.

d'Apchier auprès du comte Jean d'Armagnac pour le prier de faire évacuer les anglais des châteaux de Carlat, de Bénévent et d'Ansols.

Le comte d'Armagnac se chargea d'obtenir l'abandon de ces places moyennant la somme de 6,000 francs, si les États du pays voulaient la lui promettre. Le traité fut conclu le 14 juillet entre le comte et Raymond de la Serre.

On conservait autrefois dans les archives du Chapitre de Mende une copie, en langue vulgaire, de ce traité : « pièce curieuse », dit l'auteur de l'inventaire qui mentionne cet acte.

Les anglais étaient maîtres, ou plutôt dominaient sur une partie du Gévaudan. Ils occupaient entr'autres les châteaux de Montferrant et de Châteauneuf-de-Randon. Ce dernier laissera un souvenir durable dans l'histoire. Un héros français, Duguesclin, y trouva la fin de sa vie glorieuse ; ce trépas donnera à cette forteresse une illustration historique.

Outre ces deux places situées au cœur de Gévaudan, les anglais possédaient sur nos frontières le château de Chaliers, dans le diocèse de Saint-Flour. C'était un voisinage dangereux.

Les habitants de Mende restaient retranchés derrière leurs murailles. Le 27 octobre, l'official du diocèse, autorise le sieur Raymond Malel, à construire, sous le fossés de la ville au quartier de Champnau, un moulin à une ou deux roues. Le concessionnaire pouvait se servir de l'eau du fossé, qui devait toutefois rester plein d'eau. La torture du moulin devait être légère pour ne pas permettre aux gens de guerre de s'y loger.

L'établissement de ce moulin était d'une utilité incontestable, il offrait une ressource bien précieuse dans ce temps de guerre ; car si les ennemis, « qui discouraient le présent pays » détruisaient les moulins de Jean Arleri ; les habitants de Mende n'auraient pu moudre leur blé. En accordant cette autorisation, l'official réserva au profit de l'évêché un droit de censive (1).

Pendant l'occupation anglaise en Gévaudan, les fossés de la ville de Mende restèrent remplis d'eau : alimentés sans cesse par les fontaines publiques et privées. Il suffisait de deux fois vingt-quatre heures pour les remplir. Les poissons s'y étaient tellement multipliés, que l'évêque fit publier, en 1382, « de ne pescher dans le fossé de la ville à peine de 10 livres d'amende ».

Les habitants de Saint-Chély-d'Apcher, s'étaient distingués, nous l'avons dit par leur patriotisme et leur courage. Le nom et le souvenir des anglais leur était odieux. Au mois de janvier 1380, le régisseur de la baronnie d'Apcher, faillit être victime d'un soulèvement populaire. Ce régisseur, appelé Guidon Itier, damoiseau, « homme de bonne vie, mœurs, réputation et de conversation honnête », avait quelques ennemis qui avaient juré sa perte. Pour parvenir à leur but coupable, ils firent circuler le bruit que le sieur Itier devait introduire les anglais dans la ville par une porte pratiquée dans la muraille ; ils disaient même avoir découvert cette ouverture. Les habitants ou la grande généralité courent aux armes, parcourent les rues aux cris de : mort au traître ! mort à cet infâme qui voulait

---

(1) Archives départementales. — Série G, 1387.

nous livrer aux anglais. On cherchait le malheureux régisseur pour le mettre à mort ; mais devant cette émeute, il s'était caché et avait pu sortir de la ville. Itier porta ses plaintes au roi Charles VI qui, par ses lettres du 17 mai 1385, ordonna aux officiers de la Cour commune du Gévaudan de procéder à une enquête contre les auteurs et les principaux chefs de cette manifestation coupable (1).

La ville de Mende se trouvait entre deux fois, les anglais étaient établis aux châteaux de Châteauneuf-de-Randon et de Montferrant (2). Le 15 mars, le Chapitre cathédral autorise Mre Guillaume de Molines, curé de l'église paroissiale, de célébrer provisoirement les offices paroissiaux dans une des chapelles du cimetière, situé dans l'intérieur de la ville (3). Le 4 mai suivant, cette permission est prorogée jusqu'à la fête de Saint-Michel, 29e septembre, à cause des courses des gens de guerre du parti anglais. Le Chapitre permet, pour le même motif, aux membres de la confrérie des notaires, dont la chapelle était hors de l'enceinte des murailles, à faire célébrer l'office de leur fête patronale de saint

---

(1) Archives départementales. — Série G, 1034.

(2) Item entor lo comensamen del dich an (1380) fo pres lo luoc de Montferrant en Galvadan per alcunas companhas de Moss. Bertugat de Lebret et de P. de Galart, tenen se per anglezes (Thalamus de Montpellier).

(3) Propter Englicos qui castra et fortalicia castrorum de Montferrando, de Chalerio et de Castro novo detinent occupata et quedem alia loca et mansos de presenti depredare non cessant.

Jean évangéliste, dans la chapelle Saint Pierre, située près de la cathédrale (1).

On fait remonter vers cette époque la ruine des villages qui existaient sur les montagnes d'Aubrac. Un capitaine des grandes compagnies, du nom de Duselem, en aurait fait égorger les habitants. On prétend que le moulin de Boukinghan, sur le Bès, rappellerait le souvenir d'un capitaine de ce nom, lorsque les anglais vinrent assiéger Marchastel.

Les ennemis furent enfin chassés de cette importante forteresse, et subirent une grande défaite à quelques distances de là, dans la plaine de la Vaisse, dite aussi la plaine des morts. Un rocher porte encore le nom de *pierre de l'Anglais*. Une note manuscrite de M. Cayx, nous dit que suivant la tradition deux anglais, abrités par ce rocher, se défendirent pendant deux jours, jusques à ce qu'ils tombèrent de faim et de lassitude.

L'antique château de Marchastel était une imposante forteresse ; ses constructions bordaient tout le plateau sur lequel il était construit. En 1364, le roi Charles V avait donné ordre au bailli de Marvejols de faire les impositions nécessaires pour réparer ce manoir. En même temps des lettres patentes autorisaient Aldebert de Peyre, propriétaire de cette seigneurie, à percevoir un droit de péage sur le chemin de Marchastel, et en affecter le produit aux mêmes travaux.

Les cris de détresse et de douleur de la population

---

(1) Propter guerram sive discursionem gentium armorum sive Anglicorum.

gévaudanaise avaient été entendus. Le roi Charles V chercha à mettre un terme à tant de calamités. Il envoya, à cet effet, dans nos montagnes le plus vaillant de ses capitaines, le connétable Bertrand Duguesclin, l'une des grandes gloires de la France. Duguesclin vint mettre le siège devant la forteresse de Châteauneuf-de-Randon. Les historiens contemporains qui parlent de ce siège sont nombreux. Voici comme s'exprime le chroniqueur du Puy, Médicis : « Je trouve que l'an du Christ 1380, ledit Mre Bertrand du Claisquin, comte de Longueville, chevalier et valeureux personnaige, pour lors connestable de France, fut commys et depputé pour le Roy régnant pour lors, Charles sixième, roy de France, avec aucun nombre de gens, à expulser certaines bendes et compaignies de gent angloise, pour lors occupateurs de certaines places, chasteaulx et forteresses, tant en ce païs de Vellay que en plusieurs autres places parmi le roiaulme. Lequel seigneur connestable, voulant exéquter le commandement du Roy, entre autres lieux, vint au devant de Châteauneuf-de-Randon, en Javauldan, pocédé desdits Angles, ont, pour leur force et répugnance, fut contraint ledit seigneur connestable y mectre siège. Lequel siège tenant, pour fortifier son armée, manda aux seigneurs consuls de la ville du Puy, qui pour lors estoient, qu'ils lui envoiassent secours et gens en armes, ce qu'ils pourroient en fornir. Lesquels seigneurs consuls, comme vrays subjectz et loiaulx serviteurs du Roy, d'ung bon cueur, promptement et en toute diligence, envoiarent audit seigneur connestable beaucoup de vaillants gens, leurs citoyens, tant à cheval que à pied, artilleurs, archiers, arbalestes, engins et tels autres municions belliqueuses, force pain, vin, victuailles : desquelles choses ledit seigneur connestable se tint très content. Mais, finalement, ainsi qu'il pleust à Dieu disposer les choses ; ledit seigneur connestable, ainsi tenant illec ledit siège, fut frappé d'une égritude si véhémente et si mortelle, qui luy fist voler son âme ès cieulx, et son corps mortifié demeura là, au grand desplaisir, doleur et constristation de tous ses gens, et principalement de ses parens et amys, qui trop grant dueilh en demenoient, etc. ».

Un autre chroniqueur s'exprime en ces termes : « Tant ala Berteran que il mist siège devant ung moult fort fort chastel, que on nommoit Chasteau-neuf de Randon, et là avoint moult d'Englés. Berteran parla au capitaine, et lui requist qu'il rendesist le chastel au Roy ; il respondi que non, et que Berteran estoit moult, creinns et doubtés en tous lieux, là où il venoit, mais s'il est ossi fors que fut le roi Artus et le roi Charlemaine, s'il n'avoit il mie leur chastel. A Dieu le veu et à Ste Yve, dist Berteran, « gars, vous menteres ». Lors fu crié à l'assault, et fut moult fort assalli, et tous sans rien faire. Quant gens d'armes furent rentrés de l'assault, Berteran fut moult malades, et se fist couchier et aquemunier, et gens d'armes moult courchiés pour le doulx regrès qu'il faisoit en son lit, et ni avoit si grant qui ne fesist plourer ; et là appela le marissal de Sansoire, et le pria qu'il alist parler au capitaine, afin qu'il vaulsist rendre le chastel et li desist moult bien que Mre Berteran avait juré le siège, et qu'il ne parlast en rien qu'il fust malade. Le marissal ala parler à eulx, et tant fist le marissal, qu'Englés dirent, que Berteran veist parler à eulx et qui se renderoient. Non fera, dist le marissal : mais apportés les clés en son tref, et il les rechevra. Ils furent d'accord et apportèrent les clés à Berteran et se rendirent. Après che, Berteran bailla à Olivier de Clichon l'espée à garder et les gens d'armes que le roi avoit baillé, et les commanda à Dieu et trespassa (1). Hellas que grant dommaige, et que la couronne de Franche y perdi ».

Une autre chronique, publiée par F. Michel, rétablit et circonstancie les détails de cet événement : « Au trespassement de Mre Bertrand, fut levé grand cry à l'ost des François, dont les Anglais du chastel refusoient le chastel rendre ». Ce voyant, le maréchal Louis de Sancerre, fait aussitôt emmener les ôtages, « pour les testes leur faire trancher ». Les anglais sont avertis et, tous effrayés, ils baissent la herse du château, et vint le capitaine offrir les clefs au maréchal, qui les refusa et leur dit : « amis, à Mre Duguesclin avez vos convenances et les lui rendez ». Sans tarder il les conduisit à l'ostel où reposoit Mre Bertrand, et leurs cleifs leur fest rendre et mettre sur le serqueul de Mre Bertrand, tout en pleurant. »

Le corps du connétable fut conduit au Puy. On embauma son corps qui fut porté à Paris pour être enterré dans l'église de Saint-Denis et ses entrailles furent inhumées, dans l'église des Jacobins au Puy, aujourd'hui paroisse Saint-Laurent. Duguesclin est représenté en bosse, armé et cuirassé, avec cette épitaphe : *Cy gist honorable homme et vaillant Messire Bertran Claikin, comte de Longueville, jadis connétable de France, qui trépassa l'an M.CCC.LXXX, le 13e jour de juillet.*

Le 9 du même mois, il avait fait son testament, reçu

---

(1) Suivant la tradition, ce fut après avoir bu à la fontaine de *La Cloze*, au-dessous du village d'Albuges, à l'ouest du vieux château, que le connétable tomba malade et mourut huit jours après.

par M⁰ Jacques Chazal « en la maison de notre habitation, au siège devant Châteauneuf-de-Randon, en la sénéchaussée de Beaucaire (1). Le Gévaudan, ou pour mieux dire, le département de la Lozère rendit un hommage tardif à la mémoire du connétable, en élevant un monument commémoratif au lieu ou il fut enlevé par une maladie aiguë qui abrégea sa glorieuse carrière.

La pose de la première pierre eut lieu le 13 juillet 1820, quatre cent quarantième jour anniversaire de la mort de Duguesclin.

Ce fut un véritable jour de fête pour le département et pour les habitants de la contrée. Le Préfet, M. Moreau ; l'évêque de Mende, Mgr de Mons, accompagnés du conseil de préfecture, de plusieurs fonctionnaires et personnes notables de la ville et d'un détachement de gendarmerie à cheval se rendirent à Châteauneuf où ils furent reçus par M. le maire, un adjoint, le corps municipal, la garde nationale et la brigade de gendarmerie de la résidence. MM. les maires et un grand nombre d'habitants des communes environnantes étaient venus prendre part à cette fête, qui fut aussi solennelle que les localités pouvaient le permettre.

Le monument fut placé dans la petite plaine, en face de l'auberge de l'Habitarelle et près de l'embranchement de la route de Bagnols à la route nationale. Sa forme rappelle celle des autels tumulaires antiques (2) ;

---

(1) Histoire de Bretagne, par dom Maurice.

(2) On employa pour la construction du monument la pierre bleue, espèce de marbre, extraite d'une carrière de la Vernède, près de Mende. Ces matériaux, excellents pour des constructions intérieures, n'avaient

il est élevé sur trois gradins qui règnent tout au pourtour et posent sur une éminence formant talus des quatre côtés (1).

De Châteauneuf les troupes françaises se rendirent à Montferrant, occupé par les routiers (2). Les anglais voyant qu'ils ne pouvaient soutenir le siège, traitèrent avec les seigneurs gévaudanais pour l'évacuation de château, moyennant la somme de 5,000 florins d'or.

Le 17 août 1380, le chapitre cathédral de Mende remis à titre de pré au marquis de Canillac et aux barons d'Apchier et du Tournel, un calice enchassé de perles précieuses, un encensoir d'or et plusieurs joyaux d'un grand prix, provenant des libéralités du pape Urbain V, le tout d'une valeur de 1,376 florins d'or 9 sous 3 deniers.

Les joyaux furent engagés pour emprunter la somme promise aux anglais. Pour la garantie du prêt fait par le Chapitre, le marquis de Canillac affecte ce qu'il possède dans le château et forteresse du Chayla-d'Ance ; le baron du Tournel, ce qu'il a dans le château, forteresse et mandement de Montraloux (3).

Des bandes des gens de guerre, débris des grandes compagnies parcouraient encore le pays ; le Gévaudan

---

pas la même durée, placés extérieurement et à une température extrêmement froide. Aussi, le monument n'a pas résisté à l'intempérie des saisons, et se trouve depuis longtemps dans un état de délabrement presque complet.

(1) Mémoires de la Société d'agriculture, année 1832-1833.

(2) ... Et daqui (c'est-à-dire de Châteauneuf-de-Randon) lo sedi fo nudat à Montferrant (Thalamus).

(3) Archives départementales, série E, registre appelé Chirac.

n'en fut pas de sitôt délivré. Le 8 octobre une compagnie d'arbalétriers, arriva à Saint-Étienne-du-Valdonnez et y passa la nuit. Les habitants de ce bourg et ceux des environs avaient eu le temps de se retirer avec leurs meubles, denrées et bestiaux dans le châteaufort de l'endroit. Les habitants du village de Langlade, paroisse de Brenoux s'étaient renfermés dans la forteresse de Chapieu. La vallée de l'Anise resta presque déserte. Un seul homme, de Langlade, ne quitta point sa maison. Ce personnage d'une probité douteuse était accusé de divers méfaits et de divers vols de blé. Les anglais l'interrogent et lui demandent si l'on faisait bonne garde dans la basse cour du château de Chapieu. Sa réponse fut négative; même affirmation lorsqu'on lui dit si les paysans pouvaient défendre cette basse-cour. Il eut fait acte de patriotisme en déclarant le contraire, comme dit le procès-verbal d'enquête « *dicere debebat contrarum pro utilitate tocius presentis patrie et tocius reipublice et private* ». Le traite accompagna les gens de guerre jusqu'au près du château. Ils se disaient faire partie des compagnies françaises de Châteauneuf, et que leur chef ou capitaine s'appelait Jean de Florensac. D'après l'enquête, ces troupes étaient du Velay, et furent introduites dans le château de Chapieu par le Sgr de la Tour et le bâtard du Tournel.

Elles avaient pu y pénétrer sans trouver beaucoup de résistance, elles y causèrent de grands dommages ainsi que dans les environs. Ces gens de guerre séjournèrent pendant quelque temps dans cette place (1).

---

(1) Archives départementales. — Enquête faite par les officiers de la baronnie du Tournel.

Les documents des archives mentionnent plusieurs amendes infligées à des individus qui avaient fourni des renseignements aux anglais. Ainsi un habitant du mas de Reyrac, paroisse de Brion, fut condamné à payer une certaine somme d'argent « pour avoir embrassé le parti des anglais » *(quia participaverat cum Anglicis de Ruppis de Canilhaco.* Un autre, du lieu du Cher, paroisse de Nasbinals, fut condamné à l'amende de 20 sous. Le géographe Malte-Brun, dit qu'en 1380, il se passa près de Luc, sur la frontière orientale du département de la Lozère, un trait de bravoure qui fait honneur aux ancêtres de quelques familles qui existent encore. Les anglais, dit-il, parcouraient, avec des forces considérables, le Gévaudan et le Vivarais ; l'incendie, le meurtre et le pillage indiquaient la trace de leurs pas ; lorsqu'ils se virent tout à coup arrêtés par le fort de Luc, qui leur fermait la route de la Haute-Auvergne. Au nombre de deux mille, ils en entreprirent le siège ; mais trois braves chevaliers, MM. de Polignac, Bourbal de Choisinet et d'Agrain des Ubas, auxquels ce fief appartenait en commun, s'y défendirent si vaillamment, qu'ils parvinrent à repousser l'ennemi. Cependant les anglais, honteux de leur déroute, font volte face, et les trois chevaliers allaient succomber sous le nombre, lorsque secourus tout à coup par dix des plus intrépides gentils hommes des environs (1), ils remportèrent une victoire complette ». Un plateau aujourd'hui boisé au sud-ouest du château de Luc, est encore appelé *le champ de la bataille.*

---

(1) Malet de Borne, d'Apchier, Modéne, Morangiés, Malmont de Soulage, Du Roure, Balazuc, Vernon de Joyense, Longueville et Regletton.

Les ruines du castel sont à quelques mètres au-dessus du village. On y voit encore des tours et des murs d'une construction remarquable. Ce sont de longues assises de pierres plates, posées tantôt horizontalement, tantôt obliquement ; on en voit aussi de perpendiculaires. C'est *l'opus spicatum* qui semble indiquer une construction du XIIe siècle.

Le roi Charles V, mourut le 16 septembre 1380. Les gévaudanais conservèrent le souvenir de ce prince qui, en leur envoyant le connétable Duguesclin, avait commencé à purger le pays des troupes anglaises. On célébra pendant plusieurs siècles, dans l'église cathédrale de Mende, un anniversaire pour le repos de l'âme de ce prince pacificateur. Cet obit religieux devait être, en vertu d'une transaction du 5 novembre 1380, passée entre l'évêque, le Chapitre et l'université des prêtres de la ville, annoncé *in ordine debito et decenti* (1).

Au mois de décembre, l'évêque Pons de la Garde, permet une imposition dont le produit, affermé 140 francs d'or, devait être consacré aux réparations et fortifications des murs et fossés de la ville épiscopale (2).

VII

« Au commencement de l'année 1381, une guerre civile générale éclata dans le Midi. Les États provinciaux assemblés à Toulouse, sous la présidence de Gaston Phœbus, comte de Foix et gouverneur de Lan-

---

(1) Archives départementales. — G. 1066.
(2) Archives départementales. Série E. Registre de Me Bachalar, notaire.

guedoc, conclurent à ne pas recevoir le duc de Berry, ancien gouverneur de la Province, trop connu par ses exactions.

« Charles VI, furieux des prétentions des États, prend l'oriflamme à Saint-Denis. Le duc de Berry, battu à Revel (1), tient cependant la campagne et dévaste le pays. Gaston, sacrifiant au bien commun son intérêt particulier, renonce au gouvernement de Languedoc et fait la paix avec le duc de Berry. Ce dernier dirige alors ses coups contre les communes soulevées. Le 21 novembre 1581, les milices communales de la sénéchaussée de Beaucaire, commandée par Pierre Ponchut, bourgeois de Nimes, livrèrent, près d'Uchau, contre les troupes du duc de Berry, un long et sanglant combat, dans lequel les communes furent complétement défaites. Une grande quantité de fuyards furent faits prisonniers et livrés aux plus cruels tourments.

« Les gens d'armes continuèrent à désoler le pays, et la plupart des paysans se réfugièrent dans les Cévennes, pour faire à leurs oppresseurs une guerre de représailles : on les nomma *Tuchins*, *Tuccles* ou Coquins, et cette qualification, on le sait, est restée appliquée aux habitants de Vézenobre, que l'on accusait d'avoir reçu chez eux ces révoltés et favorisé leurs pillages (2). »

Les habitants du diocèse de Mende, accusés d'avoir pris une part active à la révolte ou au moins d'avoir favorisé les Tuchins *(pro facto Tochinatgiis)*, furent

---

(1) Revel, dans la Haute-Garonne.
(2) M. G. Charvet : Une épisode de l'histoire locale. — Société scientifique et littéraire d'Alais, année 1876.

compris avec ceux des sénéchaussées de Beaucaire, de Toulouse et de Carcassonne, à contribuer au payement de 800,000 francs d'or, à titre d'amende. Mais les gévaudanais ayant donné des preuves de leur non culpabilité et de leur fidélité, furent déchargés de cette contribution onéreuse. Toutefois, le diocèse dut payer 6,000 francs pour l'entretien des gens de guerre (1).

La défense du pays pour arriver à la complète expulsion des anglais s'était organisée d'une manière sérieuse. On pouvait déjà entrevoir le jour peu éloigné où la France verrait son territoire purgé de la présence de ses ennemis.

Le 15 juin 1381, sur l'initiative du duc de Berry et d'Auvergne, gouverneur de Languedoc, les membres des États du Gévaudan, du Velay, du Vivarais et du Valentinois, s'assemblent dans la ville du Puy, « et d'un commun consentement et volonté, pour le bien et profit, garde, tuition et défense des dits pays, et pour obvier à la puissance et malavolonté des ennemis du Roi », il est décidé, que pour résister aux anglais et autres gens de guerre, de faire union et alliance et de mettre sur pied quatre cents hommes d'armes et cent arbalétriers, pour quatre mois à partir du 1er juillet. L'Auvergne devait fournir 312 hommes d'armes et 78 arbalétrier; le Gévaudan, le Velai, le Vivarais et le Valentinois réunis, 88 hommes d'armes et 22 arbalétriers. On devait faire appel au Rouergue; « laquelle aide et assistance seroit un accroissement au nombre des gens de guerre, ».

---

(1) Archives départementales. — Série G. 1319.

Chaque pays devait désigner un capitaine pour se mettre à la tête de ses troupes respectives. Le respect des propriétés devait être recommandé aux soldats : « qu'il soit ordonné que lesdites gens d'armes et arbalétriers ne pillent, ne raubent, et, au cas qui feroient le contraire, les capitaines qui en auront la charge, ou leurs commis, seront tenus à rendre ou faire rendre ce que pillé ou raubé aura esté, et leur rabattre de leurs gages, et que les capitaines fassent ordonnance que nul de leur dite compagnie ne pillent, ne raubent, ne prennent aucuns vivres sans payer, en la meilleure manière que faire se pourra et devra ».

Les officiers de la Cour commune du Gévaudan font signifier à noble Bérenguier, d'avoir à mettre en état de défense ou de le démolir, son château de Vaissi, situé dans la paroisse d'Ispagnac.

Cette forteresse était construite au sommet d'une montagne et au haut d'un rocher escarpé, entre les villages de Lonjagnes et de Nozières. Les habitants des environs qui lors des courses des grandes compagnies trouvaient un refuge assuré dans cette forteresse, s'engagent à contribuer à sa réparation. Le 15 octobre 1381, noble Aldebert Jausserand et son fils, du lieu de Marazel ; Jean Robert, de Vaissi, et son fils ; Guillaume Martin, de Nozières ; Étienne Marazel et plusieurs autres habitants, s'engagent à reconstruire une tour et sa porte et une autre porte à l'entrée du château. Deux hommes doivent monter la garde pendant la nuit, un seul restera dans la tour pendant le jour. Le château doit être appelé, comme auparavant, le château de Vaissi. Un capitaine, doit être préposé à sa garde. Chaque habitant doit payer, à noble Béranguier, un denier, le reconnaissant par cette redevance, comme leur seigneur (1).

Le fief de Saint-Chély-du-Tarn, était divisé en quatre portions : les barons de Cénaret en possédait une ; les seigneur d'Arpajon, deux ; l'évêché de Mende la quatrième. L'antique château du village était depuis longtemps en ruine, et, à l'époque de l'invasion anglaise, les habitants n'avaient aucun lieu fortifié pour se défendre. Le 14 novembre 1381, l'évêque de Mende autorise le seigneur d'Arpajon à en construire un nouveau, dans lequel les emphytéotes du mandement de la paroisse pourraient se retirer avec leurs meubles, bestiaux et denrées. Le prélat cède au seigneur d'Arpajon la quatrième partie du fief qu'il possède, mais il se réserve la juridiction sur les emphytéotes de l'évêché, la foi et l'hommage du seigneur d'Arpajon et de ses successeurs (2). Cet acte fut reçu par le notaire Bachalar.

Guérin d'Apchier avait été établi capitaine dans le Gévaudan, « au nombre de quarante lances de gens d'armes, lequel nombre de gens de guerre il a tenu par l'espace de deux ans et plus pour la garde, tuition et defense dudit païs et les a contemptez et paiez pour le temps qu'il les a tenuz ». La ville de Mende refusait de payer sa part et portion des dépenses pour l'entretien des troupes. En conséquence sur les plaintes adressées par le Sgr d'Apchier, le roi Charles VI adressa des lettres au Sénéchal de Beaucaire et aux officiers de

---

(1) Archives départementales, G. 1369, registre de M° Julien, notaire.
(2) In antiquo fortalicio, loco aperto et congruo, juxta seu propé dictum locum Saint-Ylerii édificare et erigere et fundare unum fortalicium bonum et idoneum et conveniens.

la Sénéchaussée à l'effet de contraindre « vigoureusement et sans despourt ou faveur aucune à paier tout ce à quoy vous les treuverez y estre tenuz et qu'il vous apparoita ». Ces lettres sont datées de Paris le 20 octobre 1385 (1).

D'après cet acte on apprend que « les anglais sont entour le dit païs comme à deulx ou à trois lieues. »

Les auteurs de l'inventaire des titres du Chapitre de Mende, dressé vers le milieu du XVIIe siècle, disent que les anglais furent, l'année 1384, chassés de Cénaret, et que cette place fut rasée après leur départ. Il y a erreur de date, attendu que les anglais occupaient encore ce château en 1387.

Au commencement de l'année 1384, Raymond Salayron, médecin, habitant de Marvejols, prêta par acte du 13 février la somme de 100 florins d'or à la dame Isabelle de Molières *(de Molereis)*, épouse de Raymond Gascon, qualifié de prudent homme, prisonnier des anglais et détenu dans la prison de Carlat. Isabelle, et deux citoyens de Mende, Raymond Alamand et Guillaume Charcozin, constatent le versement de cette somme par le prêteur (2).

La ville de Mende dut s'imposer de nouveau sacrifices ; elle sacrifia au besoin de sa défense la belle église des Carmes, monument du 13e siècle, remarquable par ses dimensions et sa hauteur.

L'emplacement que le couvent occupait, était au-

---

(1) Archives départementales, série E. — Titres de la maison d'Apchier.

(2) Archives départementales, série E. — Bachalar, notaire ; registre appelé Chirac.

dessous de la porte d'Aigues-Passes, à l'ouest de la ville et sur le terrain qui a conservé le nom de Jardin des Carmes, en face de l'hôpital actuel.

Des experts furent chargés de faire l'évaluation exacte de l'édifice, pour fixer l'indemnité à donner aux religieux. Dans une assemblée capitulaire, tenue dès le 26 avril 1385, et présidée par le prieur le P. Bernard Gervais, les Carmes firent abandon à la ville de la somme de 100 florins d'or, à déduire du prix allouée pour leur église (1).

A cette époque, le château fort de Chapieu, pendant quelque temps l'objet d'une surveillance attentive, était négligé : aucune provision, aucun gardien proposé à sa garde. Les syndics de Mende, Benoît Durand et Pierre Aribert, signalent au bailli et aux officiers de la Cour commune de Gévaudan, l'abandon fâcheux de cette forteresse, l'un des postes avancés de la ville épiscopale. Le baron du Tournel, seigneur de Chapieu, était mort, ses enfants étaient jeunes encore et sous la tutelle de leur mère Isabelle de Chalancon. Une femme et des enfants étaient peu capables de s'occuper d'affaires militaires. « Le Gévaudan était beaucoup tourmenté et affligé à cause des gens de guerre et des anglais, ennemis du Roi et du royaume de France, qui parcouraient continuellement le pays ; faisaient prisonnier les habitants, dilapidaient les biens, s'emparaient des châteaux et des forteresses ».

Le juge de la Cour commune fût requis de mettre le château en état de défense, d'y établir quatre soldats,

---

(1) Archives de la ville de Mende. — CC. 157.

qui recevraient, pour leur salaire, huit sétiers de blé provenant des censives de la baronnie et du produit du péage que les seigneurs du Tournel levaient à Saint-Étienne-du-Valdonnez (1).

VIII

Au commencement de l'année 1387, noble et puissant Sgr, Mre Astorge de Peyre, baron de Peyre et de Marchastel ; Guillaume Alvernhas, consul de Marvejols, exposent à M. Jean Cornihon, juge de la Cour royale de Chirac, Grèzes et autres propriétés du Roi, en Gévaudan, qu'il serait utile, dans l'intérêt public, de destiner pour la défense de Grèzes un soldat de ceux que les Etats du pays devaient lever, ou bien la somme qui est attribuée à l'entretien d'un homme de guerre. Cette concession était en dehors des mesures prises par les officiers du Roi, pour la conservation et la garde de cette importante forteresse, attendu le voisinage du château de Cénaret, qui était au pouvoir des anglais.

Le juge royal fait bon accueil à la demande qui lui est faite, « *pro commodo et honore dicti domini nostri regis et utilitate tocius reipublice autorisavit.*

Noble Jean Hébrard, bailli du Roi, capitaine et châtelain de Grèzes, demande acte de cette autorisation (2).

Cette levée de gens de guerre eut lieu ; les archives

---

(1) Archives départementales. — G. 1034.
(2) Série E. Me Payrastre, notaire, registre appelé *Valado*, aux archives départementales.

font en effet mention d'une quittance faite au prieur de Sainte-Énimie, par l'évêque de Rodez et le prévôt de Barcelone, de la somme de 80 écus 10 livres, à compte de 1,200 livres, imposées sur les ecclésiastiques du diocèse de Mende, « *pour le fait des anglais* ».

Cette même année, le comte d'Armagnac, au nom des États d'Auvergne, Velay, Gévaudan, Rouergue et Querci, traita avec les routiers et capitaines anglais, pour vuider les places qu'ils occupaient. La somme convenue était de 240,000 francs d'or. Le Gévaudan devait contribuer pour 16,666 francs et deux tiers de franc.

Le diocèse de Mende semblait devoir toucher à la fin des calamités de la guerre. L'heure de la délivrance n'était pas éloignée. Une trêve avait été proclamée entre les rois de France et d'Angleterre.

En 1390, une nouvelle négociation eut lieu entre les anglais et Jean Blaisi, commissaire du Roi, pour l'évacuation de six places en Languedoc, qui n'avaient pas été comprises dans la convention faite, en 1387, entre le comte d'Armagnac et les routiers. A cet effet, il fut levé des sommes importantes sur les sénéchaussées de Languedoc. Les routiers donnèrent, pour la sûreté de leur promesse, des ôtages qui se rendirent à Mende ; les clefs de la ville furent remises à Jean de Blaisi, et il devait les garder tant que les ôtages ne seraient pas renvoyés.

Au commencement de l'année 1391, les officiers ordinaires de Mende eurent à juger un insigne malfaiteur, Jean de Ramis, surnommé *Bontemps*, originaire d'Albi, et plusieurs de ses complices. « Imbus de l'esprit malin, n'ayant aucune de Dieu ni des hommes ; plus porté au mal qu'au bien ; pendant l'obscurité de la nuit, lorsque tout chrétien fidèle doit reposer dans le sommeil », Bontemps et ses compagnons, de propos délibéré et « *de gayt avisat* », s'emparent de divers draps déposés dans le cimetière des Frères-Mineurs de Marvejols. Ils viennent ensuite à Mende pour vendre le produit de leur vol audacieux. Non content de cette action criminelle, le misérable Bontemps s'efforçait de rompre la trêve et les traités de paix conclus avec les anglais. On l'accusait d'avoir volé des bœufs qui paissaient dans les pâturages de Vitrolettes ; il fut les vendre à Saint-Geniès, en Rouergue. Au mas de Colagne-Basse, paroisse de Rieutort-de-Randon, il avait pénétré par force dans une maison, et enlevé, aidé de ses complices, dix pains, appelés *tourtes*, et divers linges. Tant de brigandages demandaient un châtiment exemplaire. Bontemps fut condamné à être pendu aux fourches patibulaires, le 16 janvier 1390 (1391).

Les anglais s'étaient éloignés du Gévaudan ; le peuple respirait, mais il n'était pas à l'abri des incursions de quelques bandes de routiers, qui de temps à autre apparaissaient à l'improviste, et ne se retiraient qu'après le pillage.

Les registres de la comptabilité du Chapitre de Mende font mention des sommes payées pour faire vérifier les ravages commis à Allenc par les gens de guerre ; ailleurs, c'est une somme de 4 gros payée à un capitaine de routiers pour un sauf conduit, etc.

Nous lisons dans une procédure, qu'à l'époque des courses des anglais, plusieurs ecclésiastiques de Mende, animés d'un patriotisme ardent, regardaient comme un devoir sacré de payer de leur personne la dette sacrée pour la défense de la patrie. Ils veillaient, comme de simples citoyens, à la défense des remparts de la cité. Pendant la nuit, ils étaient à l'arrière-guet (*regregalh*), pour réveiller, le cas échéant, les sentinelles endormies. Les ecclésiastiques se montraient bons français. Ils remplissaient non une obligation, mais un acte de dévouement et de patriotisme (*non ex debito sed eorum mera liberalitate*) (1.) A cette époque les ecclésiastiques étaient nombreux. La ville de Mende comptait quinze chanoines, plus de cent membres du clergé ou université des prêtres et plusieurs chapelains, chargés d'acquitter les fondations religieuses.

IX

Au commencement du xve siècle, des bandes de pillards survivaient à l'invasion anglaise dans le Languedoc. Elles continuèrent longtemps encore à désoler plusieurs diocèses de cette province. Au mois d'août 1403, une assemblée des députés du Gévaudan, du Velay et du Vivarais se réunit à Pradelles. On y décida de lever, aux frais des trois pays, des troupes pour les opposer aux compagnies d'aventuriers (2).

---

(1) Tempore discursu Anglicorum Universitas dictorum clericorum seu nonnulli ex singularibus dicte Universitatis aliquociens faciebant de nocte, in dictis muris, regregach, eundo circumcirca dictam muralham, excitando gentes, dum reperiebantur in dictis excubiis dormientes, etc. (Archives départementales). — Série G. — Fonds du clergé de Mende.

(2) Pro defensione dictarum patriarum certos homines armorum ad expensas dictarum patriarum pro resistendo conatibus et discursibus nonnullarum gentium armorum domini nostri regis et patriarum predictarum inimicorum et dictas patrias discurentium... (Archives départementales, G. 1034).

L'année suivante, « attendu la déclaration de guerre entre l'Angleterre et la France, publiée à Paris », le vicaire général de l'évêché de Mende, Mre Jean Bonat, pria les chanoines de la cathédrale de se concerter avec les habitants, pour vérifier l'état des fortifications de la ville et ordonner les réparations qui seraient jugées nécessaires. Des commissaires royaux venaient d'ailleurs d'être nommés en Gévaudan et chargés de mettre en état de défenses les places et châteaux du pays (1).

Le vicomte de Polignac passa, le 21 septembre 1406, une transaction avec les habitants de Châteauneuf-de-Randon et de son mandement. Cet acte fixa les droits et les obligations du seigneur et des vassaux, relativement aux réparations, et à la garde de l'antique château-fort (2).

A cette époque la guerre civile était allumée de toute part, mais particulièrement dans le Languedoc. Le duc de Berry, oncle du roi Charles VI, pour avoir soufflé le feu de la discorde parmi les princes, avait été destitué du gouvernement de cette province. Le duc faisait tout son possible pour s'y maintenir. Le roi demanda des secours aux principales villes du royaume, afin de résister aux entreprises de ce duc et des autres princes confédérés.

Le roi nomma en outre deux commissaires pour mettre ce pays sous sa main ; les peuples de la sénéchaussée de Beaucaire se soumirent volontiers aux ordres du prince.

---

(1) Archives départementales, G. 1386.
(2) Archives départementales. — Série E. — Titres de la maison de Châteauneuf-de-Randon.

Cependant Bernard, comte d'Armagnac, gendre du duc de Berry, et Aymeric, Sgr de Sévérac et d'Arpajon, ne cessèrent, pendant quelque temps, de faire des courses à main armée de côté et d'autre pour faire diversion en faveur du duc. Le roi leur opposa le comte de Foix, capitaine général en Languedoc et en Guienne, avec ordre de saisir et de mettre sous sa main tous les domaines de ses sujets rebelles.

Charles VI conclut enfin la paix avec les princes, et rendit ses bonnes grâces au duc de Berry ; mais il ne le rétablit pas sitôt dans son ancien gouvernement.

Le comte d'Armagnac, qui ignorait le traité de paix, fit une irruption dans le Gévaudan, où il possédait diverses seigneuries qu'il tenait en fief *franc, noble et honoré* de l'église de Mende (1), et en arrière-fief le château d'Arzenc et ses dépendances. Ce château, dont les vestiges attestent l'importance, appartenait au baron d'Apchier, Sgr de Saint-Chély, de Saint-Alban, de Montaleyrac et de plusieurs autres places. Il s'était déclaré contre le duc de Berry et le comte d'Armagnac. Celui-ci, furieux et sous prétexte que les habitants de nos montagnes lui avaient manqué, s'empare des châteaux de Saint-Alban, d'Arzenc et de Montaleyrac. Béraud d'Apchier, trop faible pour résister à son adversaire, est fait prisonnier. Il n'obtient sa liberté qu'en payant une forte rançon (2).

---

(1) Archives départementales. — G. 71.

(2) Archives départementales. — Série E. — Titres de la maison d'Apchier. — Comes Armaniaci ipsum dominum Beraldum captivavit et prisonerium suum fecit, castrumque suum de Arzenco cœpit, etc.

Les États du Gévaudan, assemblés à Mende, au mois de février 1415, députent les seigneurs Astorge de Peyre, Guillaume de Montrodat et Olivier de Chirac, auprès du comte d'Armagnac, pour l'apaiser et lui faire satisfaction.

Dans une lettre de rémission accordée par Charles VII à Jean Delaporte, dit Velay, qui, après trente ans passés dans les combats, vint avouer au Roi que « pour vivre et avoir de quoy soy entretenir, il a fait et a esté en plusieurs courses et pilleries et prinses de places, lesquelles estoient en nostre obéissance et à nos subjectz et mesmement au siège de Monteleric (Montaleyrac) et de Argenes (Arzenc) au pays de Gévaudan, en la séneschaucie de Baucayre, etc., et a tenu les champs avec plusieurs rouptiers et capitaines de gens d'armes, comme le vicomte de Narbonne, Amaury de Sévérac, Jean Boulet, Roudigo de Villeandras, etc. (1) ».

Au commencement de l'année 1416, une compagnie de gens de guerre, conduite par un capitaine nommé Jean de Molaya, de Mus, rôdait aux environs de Mende. Ces brigands se rendent au village de Changefège, s'emparent du bétail, gardent trois habitants en ôtage pour la garantie d'une somme de 60 écus d'or, qu'ils exigeaient. Les habitants s'obligent, par acte du 14 février, à servir une pension annuelle de 50 sous tournois aux chapelains du collège de Saint-Lazare, à Mende, et reçoivent 52 francs, qui furent versés entre les mains de l'implacable capitaine (2).

---

(1) Bibliothèque de l'école des Chartes, année 1845.
(2) Archives départementales. — Série E. — Registre de Mᵉ Torrent, notaire, année 1561.

En 1418, le clergé du diocèse de Mende donna trois cents moutons d'or « pour aider à chasser certains gendarmes, appelés *lous Roteyrols*, qui ravageaient le pays. Ils avaient pour chefs le bâtard de Bourbon et Rodigon, hardi et insigne voleur. Depuis ce temps là, on appelle *Roteyrols* les gentilshommes incommodés et que le proverbe vulgaire dit encore : méchant comme Rodigon. On dit que ce voleur était natif d'un village ruiné, aux appartenances de Badaroux, appelé le Mazel-Rosegou (1) ».

La reine Isabeau de Bavière (2), que le roi Charles VI avait éloignée de la Cour, s'unit, en 1417, avec le duc de Bourgogne, et prétendait être en droit de prendre le gouvernement et l'administration du royaume, à cause de la maladie du Roi. La pluspart des villes de Languedoc se déclarèrent en leur faveur ; une partie du Gévaudan demeura fidèle à son prince et au Dauphin.

Ce dernier, voulant remettre la province sous son obéissance, nomma, le 16 du mois d'août 1418, Renaud de Chartres, archevêque de Reims, son lieutenant dans cette province. Ce prélat, à la tête d'une petite armée, fit la guerre aux Bourguignons et ne négligea rien pour les chasser du Languedoc. Toutefois, malgré tous ses efforts, il ne put prendre que la ville de Marvejols, avec la partie du Gévaudan qui s'était soumise au prince

---

(1) Archives départementales, Série G. 1447.
(2) On a fait à cette reine l'épitaphe suivante :
    Reine, épouse coupable et plus coupable mere,
    Apres avoir livré le royaume aux Anglais,
    Objet de leur mépris, exécrable aux Français,
        Ci-gît Isabeau de Baviere.

d'Orange, partisan du duc de Bourgogne, et celle de Meyrueis.

Le 4 février de l'année suivante, le Dauphin nomma le vicomte de Polignac capitaine et son lieutenant général en Velay, Gévaudan, Vivarais et Valentinois, pays qui lui étaient soumis.

Le diocèse de Mende eut à souffrir de l'invasion des Bourguignons. Aidés de l'influence d'Héracle de Rochebaron (1), ils parvinrent à soumettre quelques châteaux du Gévaudan, entr'autres Cénaret, Montrodat, la ville de Marvejols, etc. La capitale du pays, Mende, resta fidèle et réalisa les espérances du Dauphin, qui, dans ses lettres adressées aux magistrats de cette ville, les appelle *ses chers et bien aimés les capitouls, bourgeois et habitants de la ville de Mende.*

Héracle possédait en Gévaudan les châteaux de Montauroux et de Saint-Denis ; de ces deux places il faisait des courses dans les environs et ravageait le pays.

Les Bourguignons ne désespéraient pas de soumettre le Velay, et il leur était aisé de juger de qu'elle importance il était pour eux de s'emparer de la ville du Puy, dont la soumission devait leur faciliter celles du Vivarais et de tout le pays de Gévaudan. Dans cette vue, le prince d'Orange, le Sgr de Rochebaron et plusieurs autres seigneurs, partisans du duc de Bourgogne, résolurent d'y faire avancer des forces. Les chevaliers et écuyers du pays, fidèles à leur prince, se disposèrent à la résistance. Les forces de part et d'autre formaient une petite armée, et comme dans celles du Velay se trou-

---

(1) Rochebaron, en Forez, vers les frontières du Velay.

vaient plusieurs parents et alliés du Sgr de Rochebaron, des négociations de paix furent proposées, et il fut convenu que les négociateurs s'assembleraient à Saugues. Un traité fut conclu ; mais Rochebaron ne tarda pas à violer l'accord et la guerre se ralluma. Les partisans du Roi et du Dauphin s'emparent alors de Pradelles, sur les frontières du Gévaudan. L'archevêque de Reims et le comte de Mercœur tâchèrent encore de pacifier le pays ; mais ce fut en vain qu'ils offrirent à Rochebaron le pardon de son infidélité et la restitution de ses biens : il continua à dévaster le pays. Menacés de nouveau par les Bourguignons, et instruits de l'arrivée du prince d'Orange à Montbrison, les principaux seigneurs du Gévaudan et du Velay, prièrent le comte de Pardiac, fils de Bernard VII, comte d'Armagnac, de marcher au secours de ces deux pays. Le comte arriva au Puy avec bonne escorte et en bon ordre. Élu gouverneur de la ville, il s'y établit et s'occupa de la mettre en état de défense. Les Bourguignons ne tardèrent pas à paraître, mais voyant que tous leurs efforts seraient inutiles, ils se retirèrent au village de Vals, où ils séjournèrent deux nuits et deux jours, dans l'espoir que la trahison leur ouvrirait probablement les portes de la ville du Puy. Mais voyant que leur attente était vaine, ils résolurent de se retirer. On se mit à leur poursuite.

Ce que voyant, les Bourguignons prirent le parti de se jeter dans la petite ville de Serverette. Cette place était fortifiée, bien pourvue contre les attaques, et présentait de nombreux moyens de défense. Le manoir principal, dressé sur la roche à pic, forme le point culminant d'une enceinte continue dont les créneaux abritaient la population entière. Le comte de Pardiac mit le siège devant la place ; ses forces furent bientôt accrues par les troupes qu'amena Jean Langeac, sénéchal d'Auvergne. D'après le récit du héraut Berry, répété par Medicis, un arbalétrier mit le feu à un moulin qui se trouvait près de la ville, et l'incendie gagna rapidement le faubourg et les châteaux. Dans le désordre qui en fut la suite, un grand nombre de Bourguignons furent faits prisonniers ; d'autres prirent la fuite et perdirent leur bagage. Le prince d'Orange et le Sgr de Rochebaron furent du nombre de ces derniers.

Après cette expédition, le comte de Pardiac avec les autres seigneurs se dirigea vers Montauroux, appartenant à Héracle de Rochebaron. Le château qui dominait le village se rendit et fut ruiné. Les troupes de Pardiac se portèrent de là vers le château de Prades. Une généalogie manuscrite de la maison d'Apchier dit que cette localité était dans le Rouergue. « Le 28 mai 1420, le roi Charles VI donna ordre, en faveur de son amée Anne de La Gorce, femme de son féal chevalier et son chambellant, Béraud d'Apchier, de faire rendre certains joyaux d'or et vaisselle d'argent que ladite dame avait engagés et vendus à bas prix à des gens de la ville du Puy, pour payer les hommes d'armes qui faisaient le siège de la ville de Prades en Rouergue, et réduire les rebelles à l'obéissance du Roi ».

Au mois de juillet 1419, on signala l'approche d'Héracle de Rochebaron, qui s'en venait à Pradelles avec plusieurs gentils hommes, et soixante ou quatre-vingt cavaliers, tous revêtus du haubert, armés d'épées ou de piques. La petite troupe fut bientôt sous les murs de la ville. Elle entre sans résistance ; mais dès le lendemain Héracle délogea sans dire gare, et oncques depuis ne le revirent les gens de Pradelles. Il descendit incontinant à Langogne. Là, il fit publier immédiatement, à son de trompe, que les habitants eussent à jurer fidélité au Roi, à la Reine, au duc de Bourgogne et à lui-même comme Sénéchal (c'est ainsi qu'il se qualifiait) de Beaucaire et de Nimes. Jean Leblanc, prieur de Rocles (1), Armand de Beaujeu, moine augustin, Réné Lequet, Hugues Cozin, lieutenant du bailli, furent conviés par Rochebaron, en personne, à lui prêter de suite le serment d'allégeance. Le prieur de Rocles se tenait sur ses gardes et pensait au lendemain ; il tira devers soi l'un des compagnons d'Héracle, le notaire Déabriges, et lui demanda conseil sur ce qu'il fallait faire en telle occurrence. Alexis Déabriges répondit tout simplement que les gens de Pradelles s'étaient exécutés.

En sortant de Langogne on perd de nouveau la trace d'Héracle de Rochebaron ; on se demande même s'il ne continua point à errer dans le Gévaudan, et s'il regagna son manoir de Bas (2).

Cette guerre civile avait causé beaucoup de maux dans le diocèse. Aussi les gévaudanais apprirent-ils avec allégresse la nouvelle de la réconciliation du Dauphin et du duc de Bourgogne ; des danses, des feux de joie manifestèrent leur satisfaction.

---

(1) Rocles, commune située a 7 kilomètres ouest de Langogne. — C'était un prieuré-cure, sous le vocable de Sainte-Tecle. Il était du patronage et de la collation du prieur de Langogne.

(2) M. Charles Rocher a publié une savante étude sur les Bourguignons en Velay. Nous avons fait divers emprunts à cet intéressant travail. (Tome V. Tablettes historiques du Velay).

X

Le roi Charles VI décéda le 20 octobre 1422. On dit qu'à sa dernière heure il recouvra toute sa raison, et qu'avant de mourir il entendit, sous les fenêtres du palais, des hérauts qui criaient : *gloire et prospérité à Henri d'Angleterre, roi de France !...* Alors le moribond sentit s'échapper de sa poitrine le dernier souffle de la vie ; il leva ses yeux presque éteints vers le ciel, pour demander vengeance, se roula dans les derniers lambeaux de son manteau *fleurdelysé* et expira à l'âge de cinquante-quatre ans.

Le dauphin, son fils, et Henri VI d'Angleterre sont proclamés simultanément rois de France : le premier sous le nom de Charles VII, à Espali, en Vivarais ; le second à Paris, à Saint-Denis.

Les champs de bataille allaient décider du sort de la France ; les luttes seront terribles ; les revers et les succès souvent partagés entre les deux nations rivales ; la victoire restera enfin au drapeau français.

Le Gévaudan fut, pendant plusieurs années, ravagé par les routiers, qui causèrent partout, sur leur passage, une infinité de désordres et de brigandages.

A cette époque, le diocèse de Mende avait pour évêque Jean de Corbie, dont le frère Armand de Corbie, Sgr d'Anneil, avait combattu glorieusement contre les anglais, en Picardie. En 1425, l'évêché était administré par l'archevêque de Reims, Renaud de Chartres, qui se qualifie vicaire général pour le spirituel et pour le temporel de l'évêque de Mende.

Sous ce prélat, les officiers du roi Charles VII se rendirent en Gévaudan pour visiter les forteresses, châteaux et villes, et ordonner les réparations nécessaires, afin de les mettre en état de défense, dans l'intérêt de la chose publique, « *ne aliquod scandalum patriæ evenire posset* ».

L'histoire donne le récit des combats entre les deux princes rivaux; des détails sur la mission regardée comme providentielle de Jeanne-d'Arc, jeune héroïne qui périt sur un bûcher le 30 mai 1431.

Rénauld de Chartres, archevêque de Reims, annonça, par une lettre, aux habitants de sa ville archiépiscopale, la prise de la pucelle, Jeanne-d'Arc, et y veut voir comme un jugement de Dieu. « Comme elle ne voulait croire conseil, dit-il, ains faisait tout à son plaisir ».

Le prélat apprend à ses diocésains, par une sorte de compensation, « qu'il était venu, devers le Roi, un jeune pastour, gardeur de brebis, des montagnes de Gévaudan, en l'évêché de Mende, lequel disait ne plus ne moins que avait fait la pucelle, et qu'il avait commandement d'aller avec les gens du Roi, et que sans faute les anglais et les bourguignons seraient déconfits ».

« Bien plus, sur ce que on lui dit que les anglais avaient fait mourir Jeanne la Pucelle, le Pastour répondit que tant plus il leur en mescherrait, et que Dieu avait souffert prendre Jeanne, pour ce qu'elle s'était constituée en orgueil, et pour les riches habits qu'elle avait pris, et qu'elle n'avait fait ce que Dieu lui avait commandé, ains avait fait sa volonté » (1).

---

(1) Jeanne d'Arc, par M. Wallon, membre de l'Institut.

Au mois de décembre 1454, on voit de nouveau apparaître en Gévaudan le fameux chef des routiers, Rodigon de Viladrando, à la tête de huit cents hommes. La peste exerçait en même temps ses funestes ravages. Le 31 janvier de l'année suivante, l'abbé de Bonneval (1), commissaire député par le Concile de Basle, « pour convoquer les personnages qui devaient comparoir aux conciles des nations d'Espagne et de France, accorda à l'évêque de Mende, Rammufle de Péruse, un délai pour se rendre à Basle, *à cause des guerres et maladie de peste* qui couraient au pays de France ; avec absolution des censures que le prélat pouvait encourir, pour ne comparoir audit Concile, dans le temps prélix à la convocation d'icelluy ».

Rodigon de Viladrando (2) reparaît en Gévaudan en 1458. Le 5 juillet, de cette année, Louis d'Apchier, Sgr de Saint-Alban, déclare avoir reçu de Pierre Tonel, receveur des finances, dans le diocèse de Mende, la somme de 700 moutons d'or, pour laquelle ce seigneur s'était obligé, au nom des habitants du pays, dans un accord passé avec ce capitaine des routiers (3).

L'année suivante, le roi Charles VII conclut un traité avec Rodigon et avec Guy, bâtard de Bourbon, autre capitaine, qui promirent de se retirer, moyennant une somme importante, qui leur fut accordée.

---

(1) Jean III, Géraud, abbé de Bonneval, en Rouergue. Le concile de Basle l'envoya avec Aimare de Roussillon, chanoine de Lyon, auprès d'Alphonse, roi d'Aragon.

(2) De Viladrando, de Villadrando, Villandrot, comte de Ribades, était, dit-on, espagnol.

(3) Archives départementales. — Registre de M⁺ Jean Montanhac, notaire.

Un document de cette époque fait un triste tableau de l'état de Gévaudan, à la suite des courses des grandes compagnies, des maladies contagieuses et de la famine. Les terres étaient incultes ; les bras manquaient pour les cultiver et les rendre productives. La misère régnait partout ; les bêtes féroces s'étaient multipliées sur divers points du territoire.

Les calamités, qui depuis plus d'un siècle accablaient la France, allaient avoir un terme. En 1450, de toutes les possessions que les anglais avaient dans nos provinces, il ne leur restait que la ville de Calais ; c'était leur dernier pied à terre sur le sol sacré de notre belle patrie. Après le départ de nos ennemis, on vit renaître le calme et la prospérité.

C'est probablement à l'époque de l'invasion anglaise que remonte la ruine de plusieurs de nos châteaux. Les propriétaires de ces antiques manoirs ne jugèrent pas à propos, sans doute, de les reconstruire ; mais ils les rebâtirent dans des sites moins escarpés, dans des fertiles vallées, ou sur le versant des coteaux.

Il ne paraît pas que nos Cévennes aient eu beaucoup à souffrir de l'invasion anglaise, du moins nous n'avons trouvé dans nos archives aucune trace des ravages des grandes compagnies. Nous savons seulement que le baron de Portes, André de Budos, avait pris le parti des anglais. Cette baronnie comprenait dans son ressort un certain nombre de paroisses du diocèse de Mende (1).

---

(1) Saint-Germain-de-Calberte, le Collet-de-Dèze, Saint-André-de-Lancize, Saint-Hilaire-de-Lavit, Saint-Frézal-de-Ventalon, Saint-Michel-de-Dèze, St-Julien-des-Points, etc. — Archives départementales, G. 797.

La baronnie fut confisquée à André de Budos (1), par ordre de Philippe-de-Valois. Mais en 1360, dans le traité de Brétigny, il fut stipulé que tous les seigneurs dont le Roi avaient confisqué les domaines, rentreraient en possession. André de Budos recouvra sa baronnie.

Des mauvais jours étaient encore réservés au Gévaudan. Un siècle après la fin de l'invasion anglaise, ce malheureux pays devait être le théâtre sanglant des guerres civiles et religieuses, plus terribles et plus funestes.

La plaque en marbre qui contenait l'inscription commémorative de l'érection du monument a été brisée et les fragments ont été dispersés. On y lisait :

A BERTRAND DU GUESCLIN,
NÉ A BROONS, EN BRETAGNE, LE . . . 1311
MORT ICI
POUR LA DÉFENSE DE SON ROI ET DE SA PATRIE,
LE 13 JUILLET 1380.

CE MONUMENT A ÉTÉ ÉRIGÉ
SOUS LE RÈGNE DE LOUIS-LE-DÉSIRÉ ;
M. SIMÉON ÉTANT MINISTRE DE L'INTÉRIEUR,
ET M. MOREAU, PRÉFET
DU DÉPARTEMENT DE LA LOZÈRE,
LE 13 JUILLET 1820.

---

(1) Rex dictam terram ad manum suam posuit et confiscavit ratione certorum criminum per dictum Andream de Budos, commissorum. — Archives départementales, G. 797.

La ville de Marvejols, à cause des services que ses habitants avaient rendus à l'État, obtint d'ajouter à ses armoiries (1) une fleur de lis. On lit encore sur l'une de ses portes ces mots un peu prétentieux :

POUR AVOIR DÉCHASSÉ L'ANGLAIS
DE MA PROVINCE
JE PORTE D'UNE MAIN
LA BELLE FLEUR DE LYS.

---

(1) Les armoiries de Marvejols sont d'azur, à un château d'argent, et au dessus de la maîtresse-tour, une main tenant une fleur de lis d'or.

TABLE.

I

Cause de la guerre entre la France et l'Angleterre, dite la guerre de cent ans. — Subside accordé par le Gévaudan. — Les anglais en Rouergue. — Marvejols répare ses murailles. — La peste de 1348. — Un émissaire anglais à St-Chély-d'Apcher. — La guerre se rallume. — La ville de Mende se met en état de défense. — Bataille de Poitiers. — Deuil à l'occasion de la captivité du Roi. — Marvejols complète ses fortifications. — Ordre de mettre en état de défense les localités de la vicomté de Grèzes. — Construction des tours sur les hauteurs pour établir des signaux. — Imposition sur les denrées à Mende. — La ville de Chirac répare ses murailles. — Ravages commis par les anglais, à Marvejols. — Traité de Brétigny...................... pages V-XI

II

Les grandes compagnies. — Le château de Chapieu. — Brigandages des routiers dans les environs de Nogaret et à Marvejols. — Les anglais à Montrodat, à Montferrant et à Châteauneuf-de-Randon. — Démolition du château de Montrodat. — Legs pour réparer les murailles de Marvejols. — Courses des anglais. — Siège du Monastier-Saint-Chaffre, en Velay. — Châteaux de Vazeilles et de Saint-Julien-d'Arpaon. — Peu de sûreté sur les routes. — Les offices religieux de la paroisse de Mende se font dans les chapelles situées dans l'intérieur de la ville. — Difficulté d'affermer les propriétés. — Défense d'ouvrir les portes de Mende avant le lever du soleil. — Ravages commis à Chirac et au Monastier. — Les habitants de Marvejols évitent le pillage de leur ville au moyen d'une somme d'argent. — Prise de Saugues par les anglais et reprise de cette ville.................... pages XI-XXI

III

Arnaud de Cervole, chef des grandes compagnies. — Passage de son frère à Mende. — Les habitants de Saint-Chély repoussent les anglais. — Le surnom de Barraban. — Revanche glorieuse de Marvejols. — Le roi autorise le Sgr d'Apchier à lever un impôt pour remettre en état de défense ses châteaux. — Mende multiplie ses travaux de fortification. — Prise par les routiers des châteaux de La Garde-Guérin, de la ville de Florac et de Balsièges. — Ordre du Sénéchal pour mettre en état les diverses places du pays. — Contributions de guerre. — Courses des compagnies en Gévaudan. — Démolition des maisons des faubourgs de Mende. — Traité avec les routiers. — Le château du village des Salelles.......... pages XXI a XXIX

IV

Le pape Urbain V. — Défense d'avoir des relations avec les anglais. — Mende et Marvejols ajoutent de nouveaux travaux aux fortifications. — Triste état du Gévaudan. — Urbain V excommunie les gens de guerre qui désolaient le diocèse de Mende. — Course des routiers à Lachamp. — Un traître livre aux anglais le château de Laubert. — Guet et garde aux châteaux du Tournel et du Villaret. — Nouvelle prise du château de Laubert. — Refus motivé de l'évêque de Mende de contribuer à la rançon du lieu d'Ance. — Reconstruction de l'église cathédrale, par ordre du pape Urbain V. — Construction d'une tour au Monastier. — Les anglais à La Canourgue. — Château de Chanac. — Imposition. — Marvejols secouru. — Rareté du numéraire. — Émission de méreaux par le Chapitre de Saugues. — Publication au village du Monastier, portant défense de pactiser avec les anglais.................... pages XXIX-XXXVIII.

V

Imposition sur les denrées à Mende. — Réparations aux châteaux du Villard, de Serverette et de Sainte-Eulalie. — Garde établie au fort de Cénaret. — Courses des gens de guerre sur les terres du Sgr de Sévérac. — Ravages dans la paroisse d'Auroux. — Château de Chanac. — Surveillance au château-fort de Grèzes. — Les routiers au village de Changefège. — Nouvelle imposition à Mende. — Les gens de guerre à Montrodat. — Deux tentatives contre le château de Laubert. — Construction d'une forteresse à Saint-Étienne-du-Valdonnez. — Vol de bétail au Chastel-Nouvel. — Dangers sur les routes.— Les routiers aux environs de Mende. — Un traître veut livrer aux ennemis le fort du Chastel-Nouvel. — Les anglais à Montferrant. — Enlèvement et rachat du bétail de La Fagette, appartenant au clergé de Mende.... pages XXXIX-XLVI.

VI

Assemblée des États du Gévaudan. — Traité avec les anglais pour l'évacuation de divers châteaux. — Construction d'un moulin à blé sous les remparts de Mende. — Abondance du poisson dans les fossés de la ville. — Émeute populaire à Saint-Chély-d'Apcher, contre le régisseur de la baronnie. — Courses des gens de guerre aux environs de Mende. — Ruines des villages de la montagne d'Aubrac. — Le moulin de Boukingham. — Château de Marchastel. — Siège de Châteauneuf-de-Randon, par Duguesclin. — Mort de ce connétable. — Monument commémoratif. — Siège de Montferrant. — Traité avec les anglais qui abandonnent cette place. — Les compagnies dans le Valdonnez. — Prise du château de Chapieu. — Punition de plusieurs individus partisans des anglais. — Le château de Luc. — Anniversaire célébré dans l'église cathédrale pour le roi Charles V. — Imposition pour la fortification de la ville de Mende.

VII

Guerre civile dans le Midi. — Les Tuchins. — Les habitants du Gévaudan sont déchargés de l'amende. — Levée des gens de guerre. — Le château de Vaissi, dans la paroisse d'Ispagnac. — Le château de Saint-Chély-du-Tarn. — Le capitaine Guérin d'Apchier. — Les anglais occupent Montferrant. — Rachat d'un prisonnier. — Démolition de l'église des Carmes, à Mende. — Le château de Chapieu mis en état de défense.

VIII

Levée de gens de guerre. — Le château de Grèzes. — Traité avec les anglais. — Trêve entre la France et l'Angleterre. — Négociation avec les routiers, leurs ôtages sont envoyés à Mende. — Condamnation à mort d'un insigne malfaiteur. — Courses de quelques bandes de gens de guerre. — Ils ravagent plusieurs paroisses. — Les ecclésiastiques de Mende pendant l'invasion anglaise .... pages LXV-LXVIII.

IX

Les bandes de pillards continuent à désoler le diocèse. — Assemblée tenue à Pradelles, par les députés du Gévaudan, du Velay et du Vivarais. — Vérification de l'état des murailles et des fossés de Mende. — Forteresse de Châteauneuf-de-Randon. — Troubles en Languedoc. — Le comte d'Armagnac fait une irruption en Gévaudan et s'empare des châteaux de St-Alban, d'Arzenc et de Montaleyrac. — Béraud d'Apchier. — États du Gévaudan. — Ravages commis au village de Changefège, près Mende. — Le capitaine Rodigon fait de nouveau des courses dans le diocèse. — Les Bourguignons en Gévaudan. — Ils sont défaits à Serverette. — Ruine du château de Montauroux. — Héracle de Rochebaron, partisan du duc de Bourgogne, à Pradelles et à Langogne .... pages LXVIII-LXXVI.

X

Mort du roi Charles VI. — La guerre se rallume. — Le Gévaudan est de nouveau ravagé par les gens de guerre. — Renauld de Chartres, archevêque de Reims, administre le diocèse de Mende. — Les villes et châteaux mis en état de défense. — Jeanne d'Arc. — Un berger du Gévaudan se dit avoir reçu une mission divine pour chasser les anglais. — Rodigon fait de nouvelles courses dans le pays. — L'évêque de Mende obtient un surcis pour se rendre au concile de Basle. — Rodigon reparaît en Gévaudan. — On traite avec ce fameux chef de compagnie. — Triste état du pays après tant de calamités. — La ruine de plusieurs châteaux paraît remonter à l'époque de l'invasion anglaise. — Les Cévennes eurent peu à souffrir. — Inscription du monument élevé à Duguesclin. — Inscription commémorative sur l'une des portes de la ville de Marvejols......... pages LXXVII-LXXXII.
Table des Matières.......... page LXXXIII.

www.ingramcontent.com/pod-product-compliance
Lightning Source LLC
LaVergne TN
LVHW050614090426
835512LV00008B/1478